Esta colecção inclui
livros (léxicos, gramáticas, prontuários, etc.)
que, pelo seu carácter
eminentemente prático, se pretende
venham a constituir para os leitores
um seguro instrumento de trabalho,
em especial quanto
ao domínio da terminologia básica
dos diferentes ramos do saber.
A palavra, nas suas múltiplas
dimensões de articulação sonora,
estrutura conceptual e
expressão de pensamento e sentimento,
é a matéria-prima desta colecção.

COLECÇÃO LEXIS
(coordenação de Artur Morão)

Títulos publicados
GUIA ALFABÉTICO DAS COMUNICAÇÕES DE MASSAS
dir. de Jean Casaneuve

DICIONÁRIO DAS GRANDES FILOSOFIAS
dir. de Lucien Jerphagnon

VOCABULÁRIO FUNDAMENTAL DE PSICOLOGIA
de Georg Dietrich e Hellmuth Walter

VOCABULÁRIO FUNDAMENTAL DE PEDAGOGIA
dir. de Hainz-Jürgen Ipfleing

DICIONÁRIO DE ETNOLOGIA
de Michel Panuff e Michel Perrin

GRAMÁTICA DA LÍNGUA PORTUGUESA
de Pilar Vasquez Cuesta e Maria Albertina Mendes da Luz

DICIONÁRIO GERAL DAS CIÊNCIAS HUMANAS
dir. de Georges Thines e Agnes Lempereur

DICIONÁRIO DA ARTE E DOS ARTISTAS
organizado por Herbert Read e revisto por Nikos Stangos

DICIONÁRIO DA PRÉ-HISTÓRIA
de Michel Brézillon

DICIONÁRIO DOS MÚSICOS
de Roland de Candé

DICIONÁRIO DE MITOLOGIA GREGA E ROMANA
de Joel Schmidt

VOCABULÁRIO DO CRISTIANISMO
de Michel Feuillet

Vocabulário
do
CRISTIANISMO

Obra publicada com o patrocínio do Ministério Francês da cultura – Centro Nacional do Livro

Título original:
Vocabulaire du Christianisme

© Presses Universitaires de France

Tradução: José Francisco Espadeiro Martins

Revisão da tradução: Ruy Oliveira

Depósito Legal n.º 182677/02

ISBN: 972-44-1104-4

Direitos reservados para língua portuguesa
por Edições 70

EDIÇÕES 70, LDA.
Rua Luciano Cordeiro, 123 - 2.º Esq.º – 1069-157 LISBOA / Portugal
Telef.: 213 190 240
Fax: 213 190 249
E-mail: edi.70@mail.telepac.pt

www.edicoes70.pt

Esta obra está protegida pela lei. Não pode ser reproduzida
no todo ou em parte, qualquer que seja o modo utilizado,
incluindo fotocópia e xerocópia, sem prévia autorização do Editor.
Qualquer transgressão à Lei dos Direitos do Autor será passível de
procedimento judicial.

Michel Feuillet
Vocabulário do CRISTIANISMO

edições 70

NOTA À EDIÇÃO PORTUGUESA

Às mais de mil entradas do original francês, foram acrescidas à edição portuguesa, com a concordância do autor, mais de duzentas outras elaboradas pelo tradutor por solicitação do editor.

Todas estas últimas, bem como outros eventuais contributos, estão devidamente assinalados com um *.

A DIVINIS – Uma suspensão *a divinis* ("dos actos divinos") é a proibição de administrar os **sacramentos**, infligida a um **sacerdote** por motivos disciplinares. Ver: **interdição**.

ABACIAL – **Igreja** de uma **abadia**.

ABADE – do **aramaico** *abba* "pai". Um abade é um religioso **regular** que dirige uma **abadia**. Ver: **prior, superior**. O termo é também utilizado quer para designar um **padre secular** que não é pároco, quer, em algumas regiões, o **pároco** de uma **freguesia** (*o abade de Baçal, o abade de Faria*). Ver: **pároco, vigário**.

ABADESSA – Superiora de uma **abadia** de **freiras**. Ver: **abade, madre, prioresa**.

ABADIA – **Mosteiro** dirigido por um **abade** ou por uma **abadessa**. Ver: **claustro, convento, priorado**.

ABJURAÇÃO – do latim *abjurare* "negar com juramento". Há abjuração quando um **cristão**, que se tornou **herege, cismático** ou **apóstata**, renuncia solenemente aos seus erros para regressar à verdadeira **fé**. Ver: **relapso, renegado**.

ABLUÇÕES – No fim da **missa**, o **celebrante** purifica o **cálice**, depois os dedos; são as abluções (ou a **purificação**). Ver: **purificador**.

ABRAÂMICO – Relativo a Abraão (*as três religiões monoteístas abraâmicas*). Ver: **filhos de Abraão**.

ÁBSIDE – do grego *hapsis* "abóbada". Extremidade da **igreja**, construída em arco, situada atrás do **coro** ou abrangendo o coro. Ver: **absidíola, cabeceira, ambulatório, presbitério**.

ABSIDÍOLA – As absidíolas são pequenas ábsides que enquadram a ábside principal ou que estão a ela ligadas de forma irradiante. Ver: **capela**.

ABSOLVIÇÃO

ABSOLVIÇÃO – do latim *absolvere* "absolver, perdoar". Momento do **sacramento da reconciliação** ou **penitência**, em que o **padre** concede ao fiel a **remissão** dos seus **pecados**. Ver: **perdão**.

ABSTINÊNCIA – Privação voluntária de determinados alimentos, como a carne, por espírito de **mortificação** e de desprendimento. Fazia-se abstinência todas as sextas-feiras, em recordação da morte de **Cristo**. Ver: **jejum, dias magros**.

ACÇÃO CATÓLICA – Organização **laica** de **apostolado católico**, que se divide em diversos movimentos destinados à juventude e aos adultos: JAC (Juventude Agrária Católica); JEC (Juventude Estudantil Católica); JIC (Juventude Independente Católica); JOC (Juventude Operária Católica); JUC (Juventude Universitária Católica); e para os adultos: LAC (Liga Agrária Católica), etc.

ACÇÃO DE GRAÇAS – **Oração** de reconhecimento dirigida a Deus, em agradecimento pelos benefícios recebidos, rezada após a **comunhão**, depois de uma refeição...

ACÓLITO – do grego *akóluthos* "servo, servidor". **Clérigo** elevado ao antigo grau do *acolitado* (Ver **ordens menores**), cuja função era a de **ajudar à missa**. Ver: **menino de coro**.

ACORDOS DE LATRÃO – Assinados em 1929 entre a **Santa Sé** e o chefe do governo italiano (Mussolini), estes acordos permitiram o reconhecimento mútuo de ambos os Estados (o Vaticano e a Itália), uma reparação pela perda dos **Estados Pontifícios** (1870) e uma **concordata** religiosa. Estes acordos foram um pouco modificados em 1984, num sentido mais laico.

ACTO DE CONTRIÇÃO – **Oração** rezada pelo fiel no decurso do **sacramento** da **reconciliação**, para exprimir o seu pesar por ter ofendido a Deus. Ver: **contrição, pesar**.

ACTOS DOS APÓSTOLOS – O **livro** *Actos dos Apóstolos*, escrito pelo **evangelista** S. Lucas, relata os acontecimentos ocorridos logo a seguir à morte e à **ressurreição** de Jesus. Evoca, em seguida, a forma como os **apóstolos** e os primeiros **discípulos** anunciaram o **Evangelho** entre os **Judeus** e, depois, entre os não Judeus do Império Romano. Ver: **Novo Testamento**.

ADORAÇÃO – **Culto** prestado unicamente a Deus, reconhecido na sua grandeza e amor infinitos. Ver: **contemplação, latria, misticismo, veneração**.

ADRO – do latim *atrium* "entrada, átrio". Esplanada situada em frente de uma **igreja** ou de uma **catedral**. Ali ficavam os catecúmenos, durante

ÁGRAFA

os primeiros séculos. Ver: **galilé, nártex**. Era também ali que se representavam os **mistérios,** na Idade Média.

ADVENTISTAS – Igrejas protestantes, que surgiram dos ensinamentos de William Miller, em meados do século passado; acreditavam estar iminente o segundo advento de Cristo. Em 1860, do grupo maior surgiram os Adventistas do Sétimo Dia.

ADVENTO – do latim *adventus* "chegada". O **ano litúrgico** inicia-se com o **tempo** do advento, que começa no 4º domingo antes do **Natal** e termina na véspera de Natal. É um período de preparação, na expectativa da chegada de Jesus Cristo.

ADVOGADO DO DIABO – **Religioso** que, no quadro de um **processo de canonização**, pleiteia contra a causa de um defunto, introduzida para **canonização.** Ver: **beatificação, santo.**

AFILHADO(A) – Criança apresentada na **fonte baptismal** por um **padrinho** e por uma **madrinha.**

ÁGAPE – do grego *agápe* "amor". Refeição fraterna dos primeiros **cristãos**, que podia incluir a **eucaristia**.

AGGIORNAMENTO – Palavra italiana que significa "actualização", utilizada por João XXIII para definir a missão do **concílio** Vaticano II, aberto em 1962 e destinado a actualizar a mensagem da **Igreja católica** face ao mundo moderno. As orientações do *aggiornamento* eram: colegialidade, **apostolado dos leigos**, reconhecimento da laicização dos Estados, respeito pelos direitos do homem, renovação **litúrgica, ecumenismo,** evocação dos valores evangélicos essenciais...

AGNÓSTICO – do grego *gnostós* "cognoscível" e do prefixo privativo *a-*. O agnóstico nega a possibilidade de conhecer o que está além dos dados experimentais. Segundo o agnosticismo, a existência de Deus, a sua natureza e as realidades espirituais são inacessíveis ao espírito humano. Toda a **metafísica** é vã. Ver: **ateu, incrédulo, não crente, panteísmo.**

AGNUS DEI – Antes da **comunhão**, enquanto o **sacerdote** parte o pão eucarístico, os **fiéis** rezam ou cantam por três vezes uma oração que pede **perdão** e paz e que começa por *Agnus Dei* "Cordeiro de Deus..."

ÁGRAFA – do grego *grafein* "escrever" e do prefixo negativo *a-*, "coisas não escritas". Termo utilizado para designar o conjunto de numerosas palavras e parábolas atribuídas a Jesus, omitidas nos **Evangelhos** mas que permaneceram na tradição oral, ou foram incluídas nos escritos de outros autores cristãos. Ver: **apócrifos.**

ÁGUA BAPTISMAL

ÁGUA BAPTISMAL – Água que serve para o **baptismo**, benzida todos os anos durante a **vigília pascal**. Ver: **infusão, fonte baptismal, imersão**.

ÁGUA BENTA – Os **fiéis**, ao entrarem numa igreja, molham os dedos na água da **pia da água benta** (que foi benzida), antes de fazerem o **sinal da cruz**. Ver: *Asperges me,* **hissope**.

AJUDANTE – **Clérigo** ou **leigo** que ajuda à **missa**. Ver: **acólito, menino de coro**.

ALBIGENSES – Ver **Cruzada contra os Albigenses**.

ALELUIA – Palavra adaptada do hebraico *hallelu yah* "Louvai Iavé" ou "Iavé seja louvado". "Aleluia!" é uma aclamação de alegria perante a **misericórdia** divina. Ver: **Salmos**.

ALFA E ÓMEGA – A primeira e a última letras do alfabeto grego, α e ω — alfa e ómega — são um símbolo de Deus. Segundo o **Apocalipse**, Deus é o primeiro e o último, o princípio e o fim. Ver **tetragrama**.

ALFAIAS SAGRADAS – Vasos destinados à celebração da **eucaristia**: o **cálice**, a **patena**, a **píxide** ou **cibório**. Ver: **panos sagrados**.

ALIANÇA – Pacto assinado entre Deus e os homens. Os **cristãos** distinguem a **Antiga Aliança** e a **Nova Aliança**.

ALMA – do latim *ánima* "sopro". A alma é a componente imaterial do homem, imortal e chamada a ser julgada por Deus. No momento da morte, a alma, princípio de vida, abandona o **corpo** mortal; assim se compreende a expressão "entregar a alma". Reza-se pelo repouso da alma de um defunto, pelas almas do **purgatório**. Ver: **esperança, imortalidade, Juízo Final, ressurreição dos corpos, salvação**.

*ALMINHAS – Gravuras, estampas ou pinturas, representando as almas a arder nas chamas do **purgatório**, que podem aparecer nas **igrejas**, junto da caixa das esmolas destinadas às **almas**, como também espalhadas pelas povoações e pelos campos, sobretudo nas encruzilhadas dos caminhos, como manifestação de devoção por parte dos fiéis. Ver: **comunhão dos santos, Igreja triunfante, militante e purgante**.

ALTAR – do latim *altare* "altar", formado a partir do adjectivo *altus* "alto". O altar é a mesa sobre a qual se celebra a **eucaristia**. No interior de uma cavidade, aberta na superfície e fechada por uma tampa, colocam-se as **relíquias**. Os altares tradicionais ficam no fundo do **coro**, no cimo de alguns degraus e em cima deles está colocado o **tabernáculo**. Com a reforma **litúrgica** do Vaticano II, os altares foram instalados no meio do coro, **voltados para o povo**. Ver **coro, altar-mor, ceia**.

ALTAR-MOR – **Altar** principal, situado no **coro** e visível da **nave**.

ALVA – do latim *alba* "branca". Longa túnica de linho branco que o **oficiante** usa sozinha ou por baixo de outros **paramentos litúrgicos**; usam-na também **os meninos de coro** e os **primo-comungantes**.

AMBÃO – À entrada do **coro** de certas **igrejas paleocristãs** ou medievais, à direita e à esquerda, havia ambões, duas pequenas tribunas utilizadas para a leitura da **Epístola** e do **Evangelho**. Ver: **púlpito, estante**.

AMBULATÓRIO – Galeria que permite andar (*deambulare*) em volta do **coro**. Ver: **ábside**.

AMDG – *Ad maiorem Dei gloriam* "Para a maior glória de Deus". Divisa dos **Jesuítas**.

ÁMEN – Palavra hebraica que significa "sim, na verdade". "Ámen!" termina a maior parte das orações **judaicas** e **cristãs**. Costuma traduzir--se por "Assim seja". É uma expressão de adesão plena.

AMICTO – do latim *amictu*. Ao vestir-se para a **missa**, o **sacerdote** cobre a cabeça com o amicto, uma peça em forma de um grande lenço, deixando-o cair sobre os ombros e amarrando-o ao pescoço. Ver: **paramentos litúrgicos**.

AMOR – O amor encontra-se no âmago da mensagem **cristã**. Deus é Amor. Foi por amor que Deus se fez homem e que conheceu o **sacrifício** da **Paixão**. Ver: **Encarnação, Nova Aliança**. Jesus não cessava de convidar os seus **discípulos** a amar a Deus e a amarem-se uns aos outros, em nome do Amor divino. Ver **caridade, perdão**.

ANABAPTISTAS – do grego *anabaptízein* "baptizar de novo". Adeptos de um dos movimentos religiosos **protestantes** que não aceitam o **baptismo** das crianças e só reconhecem o dos adultos, que *baptizam de novo*, se necessário.

ANACORETA – do grego *anachorétes* "que se retira". **Religioso** que optou pela solidão, para rezar e fazer penitência (*os anacoretas da Tebaida*). Ver: **cenobita, ermita, monge, padres do deserto, estilita**.

ANAMNESE – do grego *anámnesis*. Sabendo que a **anamnésia** é o contrário de *amnésia*, compreende-se melhor o sentido de "Anamnese": um hino à *memória* da morte e da **ressurreição** de **Cristo**, pronunciado pelos **fiéis** após a **elevação**.

ANÁTEMA – do grego *anáthema* "oferta" (dirigida aos deuses após uma vitória). Como esta **oferenda** se fazia acompanhar pelo massacre ritual dos vencidos, a palavra tomou o sentido de "maldição". Na história da **Igreja**, um anátema é uma sentença de exclusão total, pronunciada contra os **hereges** e todos os que eram considerados inimigos da **fé**. Ver: **excomunhão, interdição.**

*****ANDOR** – Espécie de padiola portátil, ornamentada e florida, sobre a qual se levam as imagens nas **procissões.**

ANEL PASTORAL – Certos **prelados**, como os **bispos**, usam um anel, símbolo da **Aliança**. Os **fiéis** fazem uma **genuflexão** e beijam este anel, em sinal de respeito. Ver: **báculo, mitra.**

ANGELUS – Ao toque dos sinos, todos os fiéis nos seus locais de trabalho se uniam à **oração** rezada de manhã, à tarde e à noite, em honra da **Virgem Maria**, como o testemunha o famoso quadro de Millet. Esta oração tem este nome devido à primeira palavra do primeiro **versículo**: *Angelus Domini nuntiavit Mariae* "O Anjo do Senhor anunciou a Maria". Ver: **Trindades (O toque das), Avé, Avé-Marias (O toque das), rosário, terço, sino da oração.**

ANGLICANISMO – **Religião** oficial da Inglaterra, após a ruptura de Henrique VIII com o papado (*Acto de Supremacia*, 1534). Nos séculos XVIII e XIX, no seio dos anglicanos, distinguiram-se a Igreja Baixa (sensível ao **Calvinismo**) e a Igreja Alta (próxima do **catolicismo**). Ver: **puritanos.**

*****ANJINHOS** – Crianças vestidas de **anjo**, para participarem nas procissões, quer como manifestação de religiosidade quer para pagamento de **promessas**. Ver: **procissões.**

ANJO – do grego *ángelos* "mensageiro". Criatura espiritual que Deus envia até junto dos homens para lhes indicar as suas vontades. Ver: **anunciação**. A tradição distingue várias categorias de anjos. Ver: **hierarquias celestiais**. Os anjos são seres livres: puderam escolher entre o Bem e o Mal. Ver: **diabo**. São representados, a maior parte das vezes, como jovens vestidos de branco e dotados de grandes asas. Ver: **querubim, serafim.**

ANJO DA GUARDA – Anjo protector, ligado à guarda de cada ser humano. O **culto** dos anjos da guarda desenvolveu-se nos meios **católicos** a partir do século XVI. Ver: **santo padroeiro.**

ANO LITÚRGICO – O ano litúrgico começa no 4º **domingo** antes do **Natal**. Divide-se em **ciclos** e em **tempos**: ciclo do **Natal** (tempo do **Advento** + tempo da **Natividade**); tempo ordinário; ciclo da **Páscoa** (tempo da **Quaresma** + tempo pascal); tempo ordinário. Ver: **próprio, temporal.**

ANO SANTO – Ver **jubileu.**

ANUNCIAÇÃO

ANTEDILUVIANO – anterior ao **dilúvio**. Ver **patriarcas, pós-diluviano**.

ANTE LEGEM SUB LEGE, SUB GRATIA – "Antes da Lei, sob a Lei, sob a Graça". Expressão latina que define as três grandes eras da história da **salvação**: 1/ antes da **Lei** de Moisés; 2/ sob a autoridade da Lei mosaica; 3/ sob a **Graça** divina, após a vinda de **Cristo**.

ANTICLERICALISMO – Oposição à intervenção do **clero** na vida pública e, mais genericamente, hostilidade a propósito da **religião**, denunciada como força obscurantista. Ver: **clericalismo**.

ANTICRISTO – Personagem misteriosa que, segundo S. João, deverá manifestar-se no fim dos tempos, antes de **Cristo** e contra Ele, anunciando o **Juízo Final**. Ver: **milenarismo**.

ANTÍFONA – do grego *antíphone,* formada pelo prefixo *anti-* "contra" e de *phoné* "voz, som". Refrão retomado pelo **coro** entre cada **versículo** de um **salmo** (ou antes e depois de um salmo).

ANTIFONÁRIO – Livro de grande envergadura, que contém as **antífonas** e, genericamente, os cânticos do **ofício divino** ou da **missa**. Ver: **canto gregoriano, estante**.

ANTIGA ALIANÇA – No **Antigo Testamento**, por diversas vezes, Iavé selou uma **aliança** com o seu povo, para lhe renovar a sua promessa: com Noé, após o **Dilúvio**, com Abraão quando este tinha 99 anos de idade, com Moisés no monte Sinai... Ver **Arca da Aliança**. Para os **cristãos**, as promessas feitas por Deus aos homens realizaram-se através da **Nova Aliança**.

ANTIGO TESTAMENTO – Primeira parte da **Bíblia cristã**, correspondente à Bíblia **hebraica**. Ver **Antiga Aliança, deutero-canónico, Novo Testamento, Testamento, vetero-testamentário**.

ANTIPAPA – **Papa** considerado ilegítimo pela **Igreja** católica. Em 1958, o **cardeal** Roncalli é eleito papa, escolhendo o nome de João XXIII e não João XXIV, pois o que já tinha utilizado o nome de João XXIII, de 1410 a 1415, fora considerado ilegítimo. Ver: **Cisma do Ocidente**.

ANTI-SEMITISMO – Doutrina ou atitude hostil aos **Judeus**. Face aos filhos de Israel, os **cristãos** tiveram uma atitude de intolerância e de hostilidade mais ou menos declarada, conforme os lugares e as épocas: violências e protecção têm-se alternado. Ver: **conversos, deicida, marranos, arrependimento, sinagoga**.

ANUNCIAÇÃO – do latim *nuntiare* "anunciar". No decurso da Anunciação, o **arcanjo** Gabriel, em Nazaré, anunciou à **Virgem** Maria que ia ser a Mãe do **Messias**, por obra e graça do **Espírito Santo**. A festa

APOCALIPSE

da Anunciação celebra-se a 25 de Março, exactamente nove meses antes do **Natal**.

APOCALIPSE – do grego *apocálypsis* "revelação". Último **livro** do **Novo Testamento**, que S. João teria escrito já em idade muito avançada, retirado na ilha grega de Patmos. O Apocalipse propõe uma série de visões simbólicas de carácter profético e escatológico (*as sete trombetas do Apocalipse*). Ver: **escatologia, armagedão**.

APÓCRIFO – do grego *apócryphos* "secreto". São apócrifos os textos da **Bíblia** não reconhecidos como **canónicos**. Os **Evangelhos** apócrifos (*Proto-evangelho de Tiago, História do carpinteiro José, Livro do passamento de Nossa Senhora, Evangelho segundo Nicodemos, Evangelho árabe da Infância...*), redigidos do século II ao século IV, não são propriamente textos bíblicos. De uma forma oficiosa, fazem parte da **tradição** e tiveram grande influência na iconografia: a eles se deve, por exemplo, o burro e a vaca do **presépio**. Ver: **deutero-canónico,** *Ágrafa*.

APOLOGÉTICA – do grego *apologetikós*. Ciência que tem por objecto a defesa da **religião cristã**, intentando demonstrar racional e historicamente a credibilidade do **dogma**.

APÓSTATA – do grego *apostasía* "afastamento". É apóstata todo aquele que se afastou (que cometeu um acto de apostasia), ou seja, abandonou publicamente a **fé** e a vida cristãs. Ver: **abjuração, relapso, renegado**.

APOSTOLADO – **Ministério** dos **apóstolos**. Missão de todo o **cristão**, mensageiro do **Evangelho** (*o apostolado dos leigos*).

APÓSTOLOS – do grego *apóstolos* "enviado". Os doze discípulos escolhidos por Jesus para viverem a seu lado e, em seguida, para serem enviados a anunciar a boa nova: Simão Pedro e André, seu irmão; Tiago, filho de Zebedeu e João, seu irmão; Filipe e Bartolomeu; Tomé e Mateus, o publicano; Tiago, filho de Alfeu, e Tadeu; Simão, o Cananeu e Judas Iscariotes, que o traiu. Para substituir Judas, após a sua traição e morte, foi escolhido Matias. Ver: **apostolado**.

APRESENTAÇÃO DE JESUS NO TEMPLO – Momento ritual, no decurso do qual Maria e José apresentaram Jesus no **Templo**. Foi nesta ocasião que teve lugar a **profecia de Simeão**. Este episódio celebra-se na festa da **Candelária**, no dia 2 de Fevereiro, quarenta dias após a **Natividade**.

AQUIROPOÉTICO – do grego *acheiropoíetos* "não feito pela mão do homem". Na **tradição ortodoxa**, as imagens aquiropoéticas são as que foram dadas ao homem milagrosamente pelo próprio Deus e que serviram de modelo aos ícones, que as repro-duziram com toda a minúcia. O exemplo mais célebre é o da **Santa Face**. Ver: **Santo Sudário, Verónica**.

ARAMAICO – Jesus falava aramaico, uma língua derivada do **hebraico**, utilizada pelos **Judeus** da Palestina há vários séculos. O hebraico, língua dos **patriarcas** e dos **profetas**, tinha-se tornado exclusivamente uma língua sagrada. Na época de Jesus, traduções em aramaico da **Tora**, os *targums*, permitiam um melhor conhecimento dos textos por parte dos que já não entendiam hebraico.

ARCA DA ALIANÇA – do latim *arca* "cofre". Arca de madeira, que continha as **Tábuas da Lei**, entregues por Deus a Moisés, no monte Sinai. Este **relicário** era transportado pelos Hebreus na sua marcha através do **deserto**. Depois de chegarem à **terra prometida**, a Arca da Aliança foi instalada na parte mais sagrada do **templo** de Jerusalém, edificado por Salomão: o **santo dos santos**. Ver: **querubim**. A arca desapareceu na altura do incêndio do templo ordenado por Nabucodonosor (século VI a. C.).

ARCA DE NOÉ – Segundo o **Génesis**, para escapar ao **Dilúvio**, Noé construiu, por ordem de Deus, uma enorme embarcação para a sua família e para um casal de todas as espécies animais. Ver: **Aliança**.

ARCANJO – Segundo o Pseudo-Dionísio, anjo da 3ª hierarquia. Ver **hierarquias angélicas**. O prefixo *arch-*, do grego *archi-*, indica, no entanto, um nível superior, reservado aos arcanjos Gabriel, Rafael e Miguel. Ver: **Anunciação**.

*****ARCAZ** – Grande arca, de gavetas, normalmente trabalhada e orna-mentada que, nas sacristias das **igrejas,** serve para guardar os **paramentos litúrgicos** e outros objectos utilizados no **culto**.

ARCEBISPADO – Província **eclesiástica**, dirigida por um **arcebispo** e abarcando vários **bispados**.

ARCEDIAGO – do grego *archi-*, a marcar o primeiro nível e de *diákonos* "servidor". Originariamente, **sacerdote** encarregado de dirigir os **diáconos**; hoje, auxiliar do **bispo**, designado também por vigário geral. Perdeu importância nas igrejas em que deixou de haver o diaconado permanente.

ARCIPRESTE – do grego *archi-*, a marcar o primeiro nível e de *presbyter* "presbítero". Título, quase sempre honorífico, atribuído a um **padre**.

ARIANISMO – Doutrina professada por Ário, no início do século IV, segundo a qual Jesus não é o verdadeiro Deus: o **Filho** é apenas a primeira

ARMAGEDÃO

das **criaturas**. O **concílio** de Niceia (325) condenou o arianismo, afirmando que o Filho é consubstancial ao **Pai**, que é Deus nascido de Deus, gerado não criado. Ver: **cristologia,** *Filioque.*

*****ARMAGEDÃO** – Segundo o **Apocalipse**, é o campo de batalha onde se travará o combate final entre o **Bem** e o **Mal**.

ARQUIMANDRITA – do grego *arkhi-*, a marcar o primeiro nível e de *mandra* "recinto, redil". Chefe de uma **ordem** religiosa ou de um **mosteiro**, na **Igreja grega**.

ARREPENDIMENTO – Recentemente (1997), a **Igreja católica**, reconheceu publicamente os erros cometidos durante a Segunda Guerra Mundial, face ao **holocausto,** manifestando o seu arrependimento e pedindo perdão à comunidade **israelita**. Ver: **anti-semitismo, expulsão dos Judeus.**

ÁRVORE DE JESSÉ – Árvore genealógica de Cristo, nascido da casa de David, filho de Jessé. Ver: **nova árvore de vida.**

ÁRVORE DO CONHECIMENTO DO BEM E DO MAL – O fruto desta árvore estava proibido a Adão e Eva: o conhecimento do Bem e do Mal era uma prerrogativa divina. Por presunção, o homem desobedeceu; pecou por orgulho e arrastou o género humano na sua queda. Ver: **árvore de vida, Éden, pecado original, maçã de Adão.**

ÁRVORE DE VIDA – No meio do **Éden**, no cimo do **Paraíso terreal**, crescia a árvore de vida, cujos frutos garantiam a Adão e Eva a imortalidade e a **felicidade**. O **pecado original** afastou-os e a toda a sua descendência desta árvore de vida. Ver: **aliança, árvore do conhecimento do Bem e do Mal, Génesis, nova árvore de vida.**

ASCENSÃO – Festa celebrada numa quinta-feira, quarenta dias depois da **Páscoa**, para comemorar a subida ao Céu de **Cristo** ressuscitado. Ver: **Assunção.**

ASCETA – do grego *áskesis* "exercício". O asceta impõe a si próprio uma vida austera, feita de privações e de **mortificações**, a fim de estar mais próximo de Deus. Ver: **anacoreta, ascetismo, cenobita, ermita, flagelantes, penitente, estilita.**

ASCETISMO – Doutrina segundo a qual exercícios de **penitência**, privações e mortificações (a ascese) permitem ao homem libertar-se das paixões e viver mais próximo de Deus. O ascetismo **cristão** consiste em imitar os sofrimentos da **Paixão** de **Cristo**. Ver: **abstinência, asceta, castidade, cilício, jejum.**

AVÉ OU AVÉ-MARIA

ASPERGES ME – Na antiga **liturgia católica**, antes da **missa solene**, recordava-se aos **fiéis** o seu **baptismo**, através de um rito de aspersão com **água benta**. A **antífona** desta aspersão começava por *Asperges me...* "Aspergi-me..." Ver: **hissope**.

ASSIM SEJA – Ver: **Ámen**.

ASSUNÇÃO – do latim *assúmere* "levar consigo". Aquando da Assunção, a **Virgem** Maria, no termo da sua vida terrestre, foi levada para o **céu** em **corpo** e **alma**. Festejada há séculos no dia 15 de Agosto e abundantemente ilustrada na iconografia **católica**, a Assunção só teve uma definição dogmática em 1950, pelo **papa** Pio XII. Ver **dormição**.

ASSUNCIONISTAS – Religiosos da **congregação** dos "Agostinhos da Assunção", dedicados à cristianização do mundo moderno, sobretudo através da imprensa.

ATEU – do grego *theós* "deus" e do prefixo privativo *a*-. Pessoa que não acredita em Deus e que nega a existência de qualquer divindade. O ateísmo supõe uma atitude **metafísica**. Ver **agnóstico, incrédulo, não--crente, panteísta**.

ATRIBUTOS DOS SANTOS – Alguns sinais distintivos permitem identificar os diferentes **santos** e **santas**, nas representações que lhes são consagradas: a chave de S. Pedro, a roda de pregos de S. Catarina de Alexandria, os **estigmas** de S. Francisco de Assis, a grelha de S. Lourenço, a cabeleira e os perfumes de S. Maria Madalena, as setas que trespassam S. Sebastião... Ver: **tetramorfo**.

AUGUSTINISMO – Pensamento de S. Agostinho (354-430). A maior parte das vezes, a palavra refere-se às suas teorias sobre a **Graça** divina: incapaz de merecer a sua **salvação**, o homem tem de se deixar iluminar pela luz de Deus. Ver: **pelagianismo**.

AURÉOLA – do latim (*corona*) *aureola* "coroa de ouro". Círculo, a maior parte das vezes dourado, que os pintores pintam em volta da cabeça de **Cristo**, da **Virgem** e dos **Santos**, para indicar a **santidade** que emana da sua pessoa. Ver: **nimbo, resplendor**.

AUTOCÉFALO(A) – do grego *autós* "o próprio" e de *kephalé* "cabeça". Diz-se das diferentes **igrejas ortodoxas**, que são autónomas.

AUTO-DE-FÉ – Rito no decurso do qual os **hereges**, condenados pela **Inquisição** a serem queimados vivos na **fogueira**, eram instados a fazer um *acto-de-fé*, para merecerem o seu **resgate** na outra vida.

AVÉ ou AVÉ-MARIA – Oração a **Nossa Senhora**, muito popular na **Igreja católica**. Começa pela saudação angélica, que o **arcanjo** Gabriel

AVÉ-MARIAS, toque das

lhe dirigiu, no momento da **Anunciação**: *Ave, Maria...* "Avé, Maria..." Na oração constam igualmente as palavras ditas a Maria pela sua prima Sta Isabel, aquando da **Visitação**: *Benedicta tu in mulieribus* "Bendita sois vós entre as mulheres..." A con-clusão é um pedido de **intercessão** dirigido a Maria, na sua qualidade de Mãe do Filho de Deus feito homem. Ver: **theótokos**. O texto da Ave Maria e a sua reza conheceram uma evolução ligada ao desenvolvimento do **culto mariano**. A sua forma actual data do século XVI. Ver: **angelus, Avé-Marias (toque das), Trindades, rosário, terço, culto mariano.**

***AVÉ-MARIAS, toque das** – Dizia-se do toque dos sinos que, sobretudo nas aldeias, chamava os fiéis à reza da oração em louvor de **Nossa Senhora**, três vezes por dia. Ver: **angelus, (toque das) Trindades.**

AVERROÍSMO – Doutrina filosófica de Ibn Rushd ou Averróis (1126-1198), filósofo árabe natural de Córdova, que se esforçou por conciliar o pensamento do Islamismo com o de Aristóteles. A Idade Média **cristã** foi muito influenciada pelo averroísmo, apesar de condenado pela **Igreja** em 1270. Ver: **tomismo**.

ÁZIMO – do grego *zýme* "levedura" e do prefixo privativo *a*-. Por ocasião da **Páscoa**, os **Judeus** comem pão ázimo (pão sem fermento). É com pão ázimo que se fazem as **hóstias**.

BÁCULO – Grande bengala ou cajado cerimonial, cuja extremidade é encurvada em forma de voluta. O báculo, símbolo pastoral por excelência, é, juntamente com o **anel** e a **mitra**, um dos sinais distintivos da dignidade **episcopal**. Ver: **bispo**.

BALAUSTRADA – do grego *balaústion* "flor de romãzeira", assim chamado devido à forma das colunas. Barreira com a forma de colunata, separando o **santuário** do corpo da **igreja**. Ver: **ambão, coro, púlpito, presbitério, prédica**.

BALDAQUINO – Construção apoiada em quatro colunas, que adorna o **altar-mor** de uma **igreja**. Pode ser edificado em materiais duráveis ou mais efémeros, como madeira ou tecido: a palavra deriva do italiano *baldacchino*, que significava inicialmente "seda de Baldaque" (Bagdade) (*o baldaquino de S. Pedro, em Roma*). Ver: **cibório, zimbório**.

BAPTISMO – do grego *báptisma*, através do latim *baptismum* "imersão". O baptismo é um sacramento em todas as Igrejas cristãs. O baptismo lava o **pecado original** e lava todas as faltas pessoais; permite ao **catecúmeno** entrar na Igreja. Ser baptizado é ser **cristão**. No decurso do ritual, o padre diz: «Eu te baptizo em nome do Pai, do Filho e do Espírito Santo» e deita água sobre a cabeça do neófito. Ver: **baptismo de Cristo, baptistério, fonte baptismal, imersão, madrinha, unção, padrinho**.

BAPTISMO DE CRISTO – João Baptista praticava o **baptismo por imersão** nas águas do rio Jordão, um rito de iniciação e de purificação relativamente raro na tradição **hebraica**. Jesus, sabendo disso, apresentou--se para ser **baptizado**, inaugurando assim a sua **vida pública**.

BAPTISMO DE EMERGÊNCIA – Quando uma criança se encontra em perigo de vida e não foi ainda **baptizada**, qualquer leigo pode administrar-lhe o **sacramento do baptismo,** derramando-lhe um pouco de água sobre a cabeça e dizendo: "Eu te baptizo em nome do **Pai**, do **Filho** e do **Espírito Santo**".

BAPTISTAS

BAPTISTAS – Dissidentes da Igreja anglicana (século XVII), que só reconheciam o baptismo dos adultos. Muitos emigraram para os Estados Unidos da América, onde formam hoje uma importante comunidade protestante. Ver: **puritanos**.

BAPTISTÉRIO – Edifício separado da igreja, especialmente reservado à administração do **baptismo**: a maior parte das vezes, de planta circular ou octogonal, possui no centro uma piscina destinada ao baptismo por **imersão**. Ver: **infusão, fonte baptismal**.

BAPTIZADO – Sendo o **baptismo** um **sacramento** de iniciação e de entrada na **Igreja**, a palavra "baptizado" é sinónimo de **cristão**.

BARRETE – do italiano *berretta* "boné". Chapeuzinho rígido, de três ou quatro bicos, ornado no centro com um pompom. Os **eclesiásticos** usam-no quando estão no **coro**: o do **padre** é preto; o do **bispo**, roxo; o do **cardeal**, vermelho. Ver: **solidéu, mitra, paramentos litúrgicos, tiara**.

*****BARROCO** – Estilo arquitectónico, utilizado na construção de **igrejas** nos séculos XVII e XVIII, caracterizado, entre outras coisas, por uma sobrecarga de ornamentos. Ver: **gótico, românico**.

BASÍLICA – O grego *basiliké* e o latim *basílica* designavam vastos edifícios públicos. As primeiras **igrejas** cristãs reproduziram a arquitectura das basílicas romanas. Ver **planta basilical**. Actualmente, tem este nome uma igreja relacionada com um **culto** privilegiado (*a basílica de Nossa Senhora de Fátima*).

BASÍLICAS MAIORES – As quatro **basílicas** maiores estão situadas em Roma: S. João de Latrão, Stª Maria Maior, S. Pedro e S. Paulo Fora dos Muros. As outras basílicas chamam-se basílicas menores. Ver: **jubileu**.

BATER NO PEITO – Ver: *Mea culpa*.

*****BATINA** – Veste talar, abotoada de cima abaixo, usada pelos **eclesiásticos católicos** até cerca de 1960. A batina dos **padres** é preta, a dos **missionários** nos países tropicais branca, a dos **bispos** roxa e a dos **cardeais** vermelha. A batina, que não é uma **veste litúrgica**, ainda é usada em certas circunstâncias. Os padres que não acataram as reformas do Vaticano II continuam a usá-la. O **Papa**, fora das cerimónias, aparece habitualmente usando batina branca. Ver: **sotaina**.

BEATIFICAÇÃO – Acto pelo qual o **papa** autoriza o **culto** público de uma pessoa "falecida em odor de santidade", desde então declarada **bem-aventurado ou bem-aventurada**. A beatificação é o grau que precede a **canonização**.

BÊNÇÃO

BEATO – do latim *beatus* "feliz". Sinónimo de bem-aventurado. Um cristão falecido, a quem, após os devidos trâmites, é concedida a **beatificação**, grau anterior à canonização. Ver **santo, venerável**. O termo é também utilizado de forma pejorativa, designando uma pessoa que mostra uma devoção excessiva, mesquinha e, muitas vezes, hipócrita.

BEGUINO – Do flamengo *beggaert* "monge mendicante". Religiosos dos Países Baixos e da Bélgica, que viviam em comunidade e sujeitos a **votos** temporários, durante o tempo que passavam no **convento**

BEIJO DE JUDAS – Beijo com que o traidor Judas identificou Jesus aos que tinham vindo para o prender. Ver: **Paixão**.

BEM – Para um **cristão**, o Bem não é unicamente moral, pois encontra a sua justificação e a sua finalidade para além da moral: o Bem é manter um relacionamento de **amor** com o **Criador** e com a sua **criação**. Ver: **árvore do conhecimento do Bem e do Mal, bem-aventuranças, caridade, livre arbítrio, mal, pecado, virtudes**.

BEM-AVENTURADOS – Todos os que, no **céu**, gozam da **bem-aventurança**. O termo designa também um cristão falecido a quem foi concedida a beatificação, sendo, neste caso, um sinónimo de beato.

BEM-AVENTURANÇA – Estado dos **eleitos**, que gozam da visão beatífica de Deus por toda a eternidade. Ver: **Céu, Paraíso**.

BEM-AVENTURANÇAS – No **Sermão da Montanha**, Jesus Cristo exalta oito **virtudes** e a suprema recompensa que corresponde a cada uma delas, num discurso muito belo, com as várias frases dispostas simetricamente: «1. Bem-aventurados os pobres em espírito, porque deles é o reino dos Céus. 2. Bem-aventurados os que choram, porque serão consolados. 3. Bem-aventurados os mansos, porque possuirão a terra. 4. Bem-aventurados os que têm fome e sede de justiça, porque serão saciados. 5. Bem-aventurados os misericordiosos, porque alcançarão misericórdia. 6. Bem-aventurados os puros de coração, porque verão a Deus. 7. Bem-aventurados os pacificadores, porque serão chamados filhos de Deus. 8. Bem-aventurados os que sofrem perseguição por causa da justiça, porque deles é o reino dos céus...».

BÊNÇÃO – do latim *benedictio*, derivado de *bene* "bem" e de *dícere* "dizer". A bênção divina manifesta-se nos benefícios que Deus concede às suas **criaturas**. *Benedictio* "bênção" opõe-se a *maledictio* "maldição". Quando o **padre** dá a sua bênção aos **fiéis** (quando os abençoa) atrai sobre eles a benevolência do Altíssimo. Para abençoar, o **padre** traça uma **cruz** com a sua mão direita estendida para a assistência. Os fiéis

BENEDICITE

que recebem a bênção, fazem um **sinal da cruz**. A **missa** termina com uma bênção. Ver: ***Urbi et Orbi***.

BENEDICITE – Nas famílias católicas muito participantes ou nas comunidades religiosas, antes de cada refeição reza-se o *Benedícite*, **oração** em que se pede a **bênção** de Deus sobre a comida e cuja primeira palavra em latim é *Benedícite*... "Abençoai..."

BENEDITINAS – Ramo feminino da ordem beneditina, fundado por Santa Escolástica, irmã de S. Bento de Núrsia (século VI).

BENEDITINOS – **Monges** da **Ordem** de S. Bento de Núrsia (século VI). Ver: **Regra de S. Bento**. O contributo dos beneditinos foi essencial para a economia, a cultura e a **liturgia** da Europa medieval. O desenvolvimento da Ordem e o crescimento do seu poder arrastou consigo várias reformas e deu origem a novas ordens e **congregações**. Ver: **cistercienses, cluniacenses,** *OSB*, **trapistas**.

BENEFÍCIO – Património e rendimentos ligados a uma função ou a uma dignidade eclesiástica. Ver: **côngrua, prebenda**.

BENZER-SE – Fazer o sinal da **cruz**. Sinónimo de persignar-se. Ver: **sinal da cruz**

BEZERRO DE OURO – Episódio do **Êxodo**, no decurso do qual o povo **hebraico** aproveitou a ausência de Moisés para adorar um **ídolo**, o bezerro de ouro. Ver: **mandamentos**.

BÍBLIA – do grego *Biblia* "livros santos". O livro que contém as Sagradas **Escrituras**. A Bíblia **cristã** acrescenta à Bíblia **hebraica** (o **Antigo Testamento**) o **Evangelho**, os textos da Boa Nova de Jesus Cristo (**Novo Testamento**). A *Bíblia* é o livro mais lido, mais editado, mais traduzido em todo o mundo...

BISPADO – Território submetido à autoridade espiritual de um **bispo**.

BISPO – do grego *epískopos* "vigilante". Dignitário do grau mais elevado do **sacramento da ordem** (o episcopado). Nomeado pelo **papa**, o bispo está à frente de uma **diocese** ou **bispado**.

BIZANTINO – Referente ao Império Romano do Oriente e à sua capital, Constantinopla, fundada pelo imperador Constantino em 330, no lugar da antiga Bizâncio. O Império Bizantino durou de 395 (divisão do Império Romano) até 1453 (tomada de Constantinopla pelos Turcos). Ver: **ortodoxos, Cisma do Oriente**.

BLASFÉMIA – do grego *blasphemein* "censurar". Palavra ou discurso que ofende a Deus e a **religião**. Ver: **praga, profanar, sacrilégio**. Jesus foi acusado de blasfemo pelo sumo sacerdote e pelo **Sinédrio**, porque tinha afirmado ser "Filho de Deus".

*BOA MULHER – Ver: **Mulher da Verónica**.

BODAS DE CANÁ – Primeiro episódio da **vida pública** de Jesus. No decurso de um banquete nupcial, em presença de sua mãe, **Cristo** transformou água em vinho, realizando assim o seu 1º milagre, muitas vezes interpretado como uma prefiguração da **Ceia**.

BOLANDISTAS – Sociedade de **jesuítas** que, seguindo Jean Bolland e as suas *Acta Sanctorum* (iniciadas em 1643), aplicam as exigências da crítica histórica ao estudo da vida dos **santos**. Ver: **hagiografia**.

BOM PASTOR – Na **parábola** do bom pastor, Jesus dá de si próprio a imagem de um pastor atento a cada uma das suas ovelhas, pronto a sacrificar tudo se alguma delas se tresmalhar. Ver: **pastor, ovelhas**.

BOM SAMARITANO – A **parábola** de Jesus chamada "do bom samaritano" inverte as ideias correntes, pois mostra um samaritano, teoricamente suposto de impiedade para com os **Judeus**, dando provas de maior generosidade e amor do que homens tidos por piedosos mas indiferentes ao sofrimento dos outros.

BORDÃO – Bastão de **peregrino**, cuja extremidade superior tinha a forma de uma maça. A palavra deriva do latim *burdo (burdonis)* "mulo": os que faziam os **caminhos de Santiago de Compostela**, à falta de montada, apoiavam-se no seu fiel bordão. Ver: **concha de Santiago, peregrinação, romeira**.

BRAÇO DE CRUZ – Nome dado ao **transepto** ou a um dos seus braços. Ver: **cruzeiro do transepto, planta em cruz latina**.

BRAÇO SECULAR – Justiça **laica** (tribunais civis) por oposição à justiça da **Igreja** (tribunais eclesiásticos).

BREVIÁRIO – do latim *breviarium* "sumário, resumo". Livro que contém os textos do **ofício divino** destinados a serem lidos diariamente pelo **clero secular**, de uma forma individual e rápida.

BULA – Carta aberta do **papa**, com carácter solene. Traz o selo papal gravado numa bola de metal (em latim *bulla*). Designa-se uma bula pelas primeiras palavras do texto: por exemplo, pela bula *Manifestis probatum*, Alexandre III, em 1179, reconheceu a D. Afonso Henriques o título de rei. Ver: **encíclica,** *ex-cathedra, motu proprio,* **decretal**. [*Na expressão *pagar a bula*, referia-se a dispensa do jejum da Quaresma, mediante um determinado pagamento monetário à Igreja.]

BUREL

BUREL – Tecido grosseiro de lã, que serve para confeccionar o hábito de certos **frades**. O termo adquiriu um sentido simbólico para designar o estado **monástico**: "vestir o burel" significa "fazer-se **frade**".

CABEÇÃO – Colarinho de **padre**, ligado a um peitilho, que se usa por baixo da **batina**. Ver: **batina**.

CABECEIRA – Numa **igreja** com a forma da **cruz** de **Cristo**, a sua extremidade corresponderia ao sítio onde o Crucificado repousa a cabeça; daí a palavra "cabeceira" (derivada do latim *caput* "cabeça"). Utiliza-se sobretudo para designar a **ábside** vista do exterior. Ver: **absidíola**.

*****CABIDO** – Reunião de **cónegos** de uma **catedral** em volta do seu **bispo**. Ver: **capítulo, deão**.

CADEIRAL – Fila de assentos, ligados uns aos outros por braços comuns e encostos altos, de um lado e do outro do **coro**, reservados aos membros do **clero** e, particularmente, aos **frades** para o canto **do ofício divino**. Ver: **estante, misericórdia**.

*****CALDEIRINHA** – Pequena caldeira para a água benta. Ver **hissope**. *Estar entre a cruz e a caldeirinha* significa estar em perigo de vida.

CALENDÁRIO GREGORIANO – No século XVI, o papa Gregório XIII reformou o **calendário juliano**, que, com o decorrer do tempo, se tinha atrasado em relação ao ano solar: suprimiu 10 dias no mês de Outubro de 1582 e rectificou a regra dos anos bissextos, a fim de evitar um novo desfasamento. O calendário gregoriano não foi aplicado pelos **ortodoxos**, que se mantiveram fiéis ao calendário juliano.

CALENDÁRIO JULIANO – Calendário reformado por Júlio César. O ano juliano comportava 365 dias (ou 366, nos anos bissextos, para evitar que o calendário ficasse desfasado em relação ao ano solar). Entretanto, o calendário juliano teve de ser, por sua vez, reformado pelo papa Gregório XIII, para corrigir um novo desfasamento. Ver: **calendário gregoriano**. Os **ortodoxos** mantiveram-se fiéis ao calendário juliano; por isso, o seu **ano litúrgico** não coincide com o dos **cristãos** do Ocidente.

CÁLICE

CÁLICE – Taça onde se faz a **consagração** do vinho, durante a **missa**. Ver: **alfaias sagradas**. Sinónimo de cálix.

CALVÁRIO – do latim *calvárium*, traduzido do **aramaico** *gólgota* "crânio". Nome do local onde Cristo foi crucificado (o monte Gólgota, uma colina perto de Jerusalém). Segundo a **tradição**, teria sido ali que o *crânio* de Adão foi enterrado. Ver: **novo Adão, nova árvore de vida**. A palavra designa também certas representações pintadas ou esculpidas da **crucificação**.

CALVINISMO – Doutrina de João Calvino (1509-1564), que está na origem do **protestantismo** em França. Próximo do **luteranismo** em muitos pontos, diferencia-se dele na doutrina da **presença real** "espiritual" na **eucaristia** e numa maior importância atribuída à **predestinação,** bem como à absoluta soberania de Deus e à supremacia da Bíblia. Ver: **huguenotes, Reforma**.

CAMALHA – Espécie de capuz de malha de lã, que cai sobre os ombros, usada por alguns **eclesiásticos**. É da cor da batina.

*****CAMERLENGO** – do antigo alemão *kamarling*, derivado de *kammer* "câmara". Título de dignidade entre os **cardeais** da **Igreja católica romana.**

CAMINHOS DE SANTIAGO – Santiago de Compostela, cidade da Galiza, no extremo noroeste da Península Ibérica, foi, durante a Idade Média, um local de **peregrinação** muito frequentado. Numerosos **peregrinos**, para irem recolher-se junto do túmulo de S. Tiago Maior, seguiam diversos itinerários, assinalados por etapas que constituíam outras tantas peregrinações prévias.

*****CAMPANÁRIO** – Parte da fachada das **igrejas** ou torre, preparada para receber os **sinos**. Também se designa por **torre sineira**.

*****CAMPO SANTO** – Nome que se dava popularmente aos cemitérios, por serem terreno sagrado, uma vez que os defuntos eram sepultados nas igrejas ou em redor delas.

CANDELÁRIA – A festa da Candelária é a festa das candeias (*festa candelarum*). Celebra-se a 2 de Fevereiro, 40 dias após o **Natal**. Nesse dia, comemora-se a **apresentação de Jesus no templo** e a **purificação da Virgem**. Nalgumas localidades, a festa chama-se de Nossa Senhora das Candeias. Na escuridão do Inverno, acendiam-se as **velas** nas **igrejas** e, nas habitações, ostentavam-se os crepes evocando velhos ritos lunares. Ver: **Carnaval**.

CÂNON – do grego *kanôn* "régua de carpinteiro". Ver: **idade canónica, canónico, cânon da missa, cânon da Igreja, cânon das Escrituras, cânon dos santos, direito canónico**.

CÂNON DA IGREJA – Conjunto das regras e decretos que regem a vida da **Igreja católica**, em matéria de **fé** e de disciplina. Ver: **concílio, direito canónico**.

CÂNON DA MISSA – Nome dado, a partir da **reforma gregoriana**, à grande **oração** da **missa**, que vai desde o **Prefácio** à conclusão que precede a reza do **Pater**. Após a reforma de Paulo VI, o cânon da missa deixou de se impor como um texto único: existem várias **orações eucarísticas**.

CÂNON DAS ESCRITURAS – Conjunto dos textos **sagrados** da **Bíblia**, considerados como inspirados por Deus e, por esse facto, **canónicos**. Ver: **apócrifos, deutero-canónicos**.

CÂNON DOS SANTOS – Lista dos **santos** e **santas** reconhecidos pela **Igreja católica**. Ver: **canonização, lenda dourada, ladainhas dos santos, martirológio**.

CANONICAL – Que diz respeito aos cónegos.

CANONICATO – A dignidade, o benefício e os encargos próprios de um cónego.

CANÓNICO – Que obedece ao **cânon**, que está reconhecido como tal pela **Igreja**. Ver: **idade canónica**

CANONISTA – Especialista em **direito canónico**.

CANONIZAÇÃO – No final de um processo denominado "processo de canonização", o **papa** inscreve uma pessoa falecida, de méritos excepcionais, no catálogo dos **santos**, chamado **cânon dos santos**. Ver: **advogado do diabo, beatificação, bem-aventurado, venerável**.

CÂNTICO DAS CRIATURAS – Poema composto por S. Francisco de Assis (1181-1226), em que o Sol, a Lua, as estrelas, o vento, o fogo, a terra e todas as **criaturas** são convidadas, como outros tantos irmãos e irmãs, a cantar os louvores do Altíssimo. Ver: **franciscanismo**.

CÂNTICO DOS CÂNTICOS – Em hebraico *chir achirím*. Belíssimo poema de amor, em que o amado e a amada trocam imagens exuberantes. Este cântico de núpcias, atribuído a Salomão, pode ser interpretado como um diálogo entre Deus e a sua **criatura**, entre **Cristo** e a **Igreja**.

CANTO GREGORIANO – Canto litúrgico da cristandade latina, que, segundo uma tradição errónea, teria sido codificado pelo papa Gregório

CANTOCHÃO

I (século VI). [*Uma primeira fase primitiva estendeu-se do século VI ao século XIII, tendo entrado em declínio até ao século XIX, altura em que foi reintegrado por acção dos **beneditinos** de Solesmes, na segunda metade do século XIX e princípios do século XX.]

*CANTOCHÃO – Sinónimo de **canto gregoriano**.

CAPA – Grande manto, também chamado capa de asperges, fechado por uma fíbula e ricamente ornamentado, usado pelo **padre** fora da **igreja**, por altura das **procissões**, como a do **Corpo de Cristo**. Ver: **paramentos litúrgicos, pluvial**.

CAPELA – Inicialmente, a "capela" era um local concreto e único: o **oratório** do palácio dos reis francos, onde se conservava um pedaço do célebre manto de S. Martinho de Tours, chamado *capa*. Ver: **relíquia**. A palavra "capela" generalizou-se e designa hoje um local de **culto** independente, que não tem funções de **igreja** (*a capela do colégio*). Também se chamam "capelas" os oratórios instalados nas **naves laterais** ou no **ambulatório** de uma igreja (*a capela da Virgem*).

CAPELANIA – Instituição do ofício de **capelão**, com o **benefício** anexo.

CAPELÃO – Na origem, **padre** encarregado de rezar **missa** e celebrar os ofícios divinos em alguma **capela**, ou que tinha a seu cargo uma capela particular e cujas funções lhe davam especial importância na família ou comunidade de quem essa capela dependia. Actualmente, sacerdote incumbido de exercer as suas funções religiosas e espirituais em instituições como estabelecimentos de ensino, hospitais, quartéis, etc.

*CAPELO – Chapéu cardinalício; a própria dignidade de cardeal.

CAPITULAR – Ver: **sala do capítulo**.

CAPÍTULO – do latim *capítulum* "capítulo da Regra (para ler em assembleia)". Reunião de **monges** de um **mosteiro** sob a presidência do **abade**, ou dos **frades** de um **convento** sob a presidência do seu **prior**. Cada um dos membros da assembleia "tem voz no capítulo"; pode, no entanto, ser "capitulado", isto é, receber uma repreensão com a indicação de qual o capítulo da regra que infringiu. Ver: **sala do capítulo**.

CAPÍTULOS DA BÍBLIA – A partir do século XIII, os diversos **livros** da **Bíblia** foram divididos em capítulos; no século XVI, os capítulos foram, por sua vez, divididos em **versículos**. Assim, *Gn* 19, 26 remete para o versículo 26 do capítulo 19 do livro do **Génesis**.

CAPUCHINHOS – **Religiosos** de um ramo reformado dos **Frades Menores**, fundado em 1528. O seu nome, adaptado do italiano *cappucino* deve-se ao **capuz** que caracteriza o seu hábito.

CARTUSIANO

CAPUCHO – Capuz em bico dos **Capuchinhos**. Nome que se dá aos frades capuchinhos.

CARDEAL – É um **prelado** eleito pelo **papa**: faz parte do **sacro colégio**, que pode ser convidado a eleger um novo **soberano pontífice**. Ver: **conclave,** *habemus papam,* **púrpura cardinalícia.**

CARDINAL – do latim *cardo (cárdinis)* "charneira, gonzo". O adjectivo "cardinal" significa "capital, fundamental". As **virtudes cardinais** – prudência, justiça, fortaleza e temperança – ocupam um lugar essencial a seguir às **virtudes teologais**.

CARIDADE – do latim *cáritas* "amor". Uma das três **virtudes teologais**. A caridade é o **amor** de Deus e o amor do próximo reconhecido como **criatura** de Deus. Este sentido absoluto torna-se mais concreto nas expressões: «obras de caridade», «fazer a caridade», venda de caridade»... Ver: **amor.**

CARISMA – do grego *chárisma* "graça, favor". Dom espiritual específico, conferido pela **Graça** divina a um **fiel**, para que o possa partilhar com os seus irmãos (dom da cura, dom da profecia...). Ver: **Pentecostes, renovamento carismático, talentos.**

CARISMÁTICOS – Ver: **renovamento carismático.**

CARMELITAS – **Frades** ou **freiras** da ordem de Nossa Senhora do Carmo ou do Monte Carmelo. A **ordem** foi fundada no século XIII, na Palestina. Em 1564, a ordem foi reformada, pela acção de S. Teresa de Ávila. "Entrar no Carmelo" significava tornar-se carmelita e escolher a regra severa desta ordem, essencialmente **contemplativa**. Os carmelitas que seguiram a reforma foram chamados Carmelitas Descalços, por usarem sandálias sem meias; os outros, Carmelitas Calçados.

CARNAVAL – do latim *carnis* "carne" e de *levare* "aliviar, levantar". Festividades populares que precedem a **Quarta-feira de Cinzas**. Antes das privações e da austeridade da **Quaresma**, fazem-se comezainas pela última vez e dá-se livre curso aos impulsos num jogo de transgressão e de inversão, onde a máscara e o disfarce desempenham um papel importante. O Carnaval termina na **Terça-feira gorda**. A **Igreja** por diversas vezes tem condenado os desmandos "**pagãos**" que ocorrem nesta quadra. Ver: **entrudo, abstinência, continência, jejum, dias magros, sacrilégio.**

CARNAVALESCO – Próprio do Carnaval (*os cortejos carnavalescos*). Ver: **quaresmal.**

CARTUSIANO – Relativo à Cartuxa ou aos frades cartuxos.

CARTUXA

*CARTUXA – Ordem religiosa deste nome, fundada por S. Bruno em 1084, no **deserto** montanhoso da Cartuxa (Chartreux) perto de Grenoble. O termo aplica-se também aos **conventos** dessa mesma ordem (*a Cartuxa de Évora*).

CARTUXO(A) – Religiosos da **ordem** fundada por S. Bruno, na Grande Cartuxa. Os cartuxos são **contemplativos**; optaram pela via eremítica, embora continuando a pertencer a uma comunidade. Ver: **cenobitas**.

CASAMENTO CATÓLICO – Ver: **matrimónio**.

CASTIDADE – do latim *castus* "puro". O facto de se abster de toda a relação sexual. Um dos três conselhos **evangélicos** que um **religioso** se compromete a respeitar no momento de pronunciar os seus **votos de religião**. Ver: **celibato, continência**.

CASUÍSTICA – Parte da **teologia** moral que se esforça por aplicar os princípios morais teóricos aos mais variados casos de consciência. Aperfeiçoada pelos **Jesuítas** e combatida pelos **Jansenistas**, a casuística tornou-se muitas vezes sinónimo de excessiva subtileza, e até de complacência moral.

CASULA – do latim *casúbula* "vestimenta interior". A casula veste-se por cima da **alva** e da **estola**; desprovida de mangas, é formada por duas partes de tecido bordado que pendem adiante e atrás; a cor varia segundo as festas e os tempos do **ano litúrgico**. Ver: **cores litúrgicas, paramentos litúrgicos**.

CATACUMBAS – do latim *catacumbae*, derivado do prefixo grego *kata-* "em baixo" e de *tumba* "túmulo". Subterrâneos utilizados como sepulturas pelos primeiros **cristãos** de Roma (*catacumbas de S. Calixto, catacumbas de Domitila...*). Ver **paleocristão**.

CÁTAROS – do grego *kátharos* "puro". Seita, de origem eslava, que se desenvolveu nos séculos XI e XII, particularmente no Sul de França, na região de Albi. Os cátaros intentavam atingir a pureza espiritual desligando-se do mundo material, irremediavelmente mau. Ver: **dualismo, maniqueísmo**. Negavam a **Encarnação** e rejeitavam os **sacramentos**, em proveito do *consolamentum*, que só os iniciados podiam obter, no decurso da sua vida. Ver: **perfeitos**. Os adeptos vulgares tinham de esperar pela morte para alcançarem uma tal libertação. A **Igreja** combateu encarniçadamente os cátaros. Ver: **cruzada contra os Albigenses**.

CATECISMO – do grego *katechismós* "instrução oral". As crianças **católicas**, a partir dos sete anos, frequentam uma vez por semana a

catequese, para aí receberem uma instrução religiosa ministrada por um **padre**, um **religioso** ou uma **religiosa** ou, a maior parte das vezes, por um **catequista laico**, no quadro de uma **paróquia** ou no seio de uma escola privada confessional. No ensino estatal, tal instrução é facultativa.

CATECÚMENO – do grego *katechein* "instruir em voz alta". Pessoa que está a ser instruída na **fé cristã**, a fim de se preparar para receber o **baptismo**. Ver: **nártex, neófito, vigília pascal**.

*****CÁTEDRA** – do latim *cáthedra* "cadeira, trono". Trono de um alto dignitário da Igreja. Ver: **catedral**. Expressões como *"a cátedra de S. Pedro"* ou a *"cátedra apostólica"* significam a **Santa Sé**.

CATEDRAL – Igreja onde se encontra o **trono** (em latim *cáthedra*) do **bispo**. Ver: **sé, diocese, episcopal, cátedra**.

CATEQUESE – do grego *katéchesis* "instrução oral". O termo "catecismo" designa a instrução religiosa como instituição; "catequese" remete de preferência para o conteúdo e para os métodos dessa instrução.

CATEQUISTA – A maior parte das vezes, a instrução religiosa é ministrada nos dias de hoje por catequistas, **religiosos** ou **leigos**, benévolos ou profissionais, formados para desempenharem essa tarefa. Ver: **catequese, catecismo**.

CATIVEIRO DA BABILÓNIA – Em 587 a. C., o rei Nabucodonosor conquistou Jerusalém e deportou os seus habitantes para a capital, Babilónia. O exílio durou 60 anos e marcou profundamente o povo **hebraico**. Ver: **êxodo, templo**. A estada dos **papas** em Avinhão (1309-1417) foi denominada "cativeiro da Babilónia" pelos apoiantes do regresso do **soberano pontífice** à cidade eterna.

CATOLICISMO – **Religião cristã**, sob a autoridade do **papa** e constituindo a **Igreja católica**.

CATÓLICO – do grego *katholikós* "universal". Desde o Cisma de 1054, a **Igreja** latina diz-se "católica", reivindicando assim a *universalidade*, face à **ortodoxia** defendida pelos **cristãos** do Oriente. A palavra designa tudo o que está relacionado com o catolicismo (*os reis católicos; a acção católica*).

CEIA – do latim *cena* "jantar". Última refeição tomada por Jesus com os seus **discípulos**, na véspera da sua morte, no decurso da qual instituiu o **Sacramento** da **Eucaristia**: tomou pão e vinho; abençoou-os e deu-os aos seus discípulos, dizendo: «Isto é o meu corpo entregue por vós... Isto é o meu sangue derramado por vós... Fazei isto em minha memória.» Ver: **cenáculo, Quinta-Feira Santa**.

CELEBRANTE

CELEBRANTE – O celebrante é o **padre** que celebra a **missa** ou outro **sacramento**. Ver: **oficiante**.

CELIBATO – Os **padres católicos** não se casam: fazem voto de celibato. Os padres **ortodoxos** não podem casar, salvo se já o forem no momento de se tornarem padres. **Os pastores protestantes** podem casar. Ver: **castidade**.

CENÁCULO – do latim *cena* "jantar". A sala onde Jesus tomou a sua última refeição com os **apóstolos**, no decurso da qual instituiu a **eucaristia**. Ver: **ceia**.

*****CENÓBIO** – do grego *koinós* "comum" e *bíos* "vida". Convento de monges ou monjas vivendo em comunidade.

CENOBITA – **Monge** que vive em comunidade no cenóbio. Ver: **anacoreta**.

CERIMÓNIA PENITENCIAL – Ao lado da **confissão** individual, feita no **confessionário**, o **rito** penitencial **católico** prevê hoje cerimónias comunitárias, com ou sem confissão individual, que terminam com uma **absolvição** colectiva. Ver: **penitência**.

CESAROPAPISMO – Mistura do poder temporal com o poder espiritual, sob a autoridade única do imperador. O cesaropapismo caracterizou a política de numerosos imperadores, tanto no Oriente como no Ocidente. Ver: **luta do sacerdócio com o império, questão das investiduras, teocracia**.

CÉU – Sinónimo de **Paraíso**.

*****CHANTRE** – Função eclesiástica, normalmente atribuída a um **cónego** do **cabido**, que consiste em dirigir o **coro**, entoando os **salmos** na igreja, no convento, etc.

CHRISTUS DOLENS ou PATIENS – "Cristo sofredor". Representação de **Cristo** pregado na **cruz**, alquebrado pelo sofrimento, que se impôs progressivamente no Ocidente a partir do século XII, em substituição da imagem de *Christus triumphans*.

CHRISTUS TRIUMPHANS – "Cristo triunfante". Imagem de Cristo sobre a cruz, de pé, com os olhos abertos, vitorioso sobre a morte.

CIBÓRIO – Vaso que contém as **hóstias** consagradas da **comunhão**. Fechada por uma tampa e coberto por um **pavilhão**, é guardado no **tabernáculo**. A palavra deriva do grego *kibórion*, que designa o fruto do nenúfar, utilizado como taça no Egipto. Ver: **píxide, alfaias sagradas**. Numa segunda acepção, é sinónimo de zimbório.

CISMA DO ORIENTE

CICLO LITÚRGICO – Ver: **ano litúrgico.**

CILÍCIO – Cinto de crina, com puas, usado por espírito de **mortificação**. Na sua origem, o cilício era feito em pele de cabra da Cilícia. Ver **mortificação da carne.**

CINZAS – Ver: **Quarta-feira de Cinzas.**

CIRCUNCISO – Homem que se submeteu ao rito da circuncisão. Sinónimo de **Judeu**, na medida em que a circuncisão é uma prática essencial da **religião israelita**, sinal de Aliança desde Abraão. A **Igreja** celebrava a circuncisão de Cristo no dia um de Janeiro.

*****CIRENEU** – No seu percurso para o **Calvário**, com a **cruz** às costas, **Cristo** foi ajudado por um homem que passava, chamado Simão de Cirene. O termo passou a designar alguém que ajuda o **próximo** em tarefa árdua e trabalhosa.

CÍRIO – do latim *cereus*, derivado de *cera* "cera". Comprida vela de cera que se acende nas **igrejas** durante as cerimónias. A título individual, um **fiel** pode queimar uma vela para prolongar uma **oração** de agradecimento ou de pedido, dirigido à **Virgem** ou a um **santo**. Ver: **círio pascal, ex-voto, peregrinação, voto.** [*Numa outra acepção, chamavam-se círios antigas manifestações típicas na região centro de Portugal, do tipo das **romarias**, que combinavam a **fé** com uma componente lúdica (*o círio em honra de Nossa Senhora do cabo Espichel*).]

CÍRIO PASCAL – Grande círio, benzido no decurso da **vigília pascal**, no qual estão gravados os quatro algarismos do ano em curso e as letras **alfa e ómega**, em volta de uma cruz marcada com cinco grãos de **incenso**. Acende-se nas cerimónias solenes do **tempo pascal.**

CISMA – do grego *schízein* "rasgar". Separação da **Igreja** em duas comunidades que se reclamam de duas autoridades diferentes. Ver: **cismático, Cisma do Ocidente, Cisma do Oriente.**

CISMA DO OCIDENTE – A partir de 1378, a **Igreja** latina conheceu divisões devido ao facto da eleição de um segundo papa, o francês Clemente VII; este opunha-se ao italiano Urbano VI, que tinha trazido de novo o papado de Avinhão para Roma. A dupla direcção da Igreja foi confirmada pelos seus sucessores. O concílio de Pisa (1409) designou um terceiro papa. Em 1417, com o concílio de Constança, os três **pontífices** demitiram-se em favor de Martinho V. Este cisma enfraqueceu enormemente a autoridade pontifícia. Ver: **antipapa.**

CISMA DO ORIENTE – Em 1054, a **cristandade** separou-se em duas **Igrejas**: a Igreja do Oriente e a Igreja do Ocidente, tendo-se a primeira

CISMÁTICO

declarado **ortodoxa** e a segunda **católica**. Entre as causas do cisma, ao mesmo tempo doutrinais e políticas, tiveram papel importante a recusa em reconhecer o **primado** do **papa** de Roma por parte dos **Bizantinos** e a recusa em suprimir do **Credo** a expressão *Filioque,* por parte dos Latinos.

CISMÁTICO – Aquele que está na origem de um cisma ou aquele que faz parte de uma comunidade que se separou da autoridade da **Santa Sé**. Ver: **apóstata, herege, relapso.**

CISTERCIENSES – Monges da **Ordem** de Cister, fundada em 1119, em reacção ao laxismo da ordem **cluniacense**, donde tinha derivado. Cister imediatamente se impôs pelo rigor da sua **regra** e pela **santidade** dos seus membros, como S. Bernardo de Claraval (1091-1153). A arquitectura cisterciense, de uma grande sobriedade, enxameou por toda a Europa. Ver: **regra de S. Bento, trapistas.**

CIZÂNIA – palavra de origem semítica que significa "joio, erva daninha". A expressão "semear a cizânia", com o sentido de "espalhar a discórdia", foi retirada da **parábola** do trigo e do joio.

CLAUSTRO – Do latim *claustrum* "recinto fechado". Espaço onde vivem os **monges** (o **mosteiro** no seu conjunto); mais precisamente, pátio quadrado, rodeado por uma galeria, no centro do mosteiro. Ver: **clausura.**

CLAUSURA – Num **mosteiro**, espaço reservado aos **monges** e interdito aos leigos. Mais abstractamente, a obrigação assumida pelos monges de não saírem do mosteiro *(fazer voto de clausura)*. Ver: **balaustrada, claustro, convento.**

CLERICALISMO – Partidário do **clero** e da sua intervenção na política. Ver: **anticlericalismo.**

CLÉRIGO – do grego *klerós*, "separado". Membro do **clero**. O estado de clérigo, oposto ao estado de **leigo**. Ver: **regular, secular, tonsura.**

CLERO – O conjunto dos clérigos, oposto ao dos leigos. Ver: **eclesiástico, secular, regular.**

CLUNIACENSES – Depois da **abadia beneditina** de Cluny, fundada em 909, desenvolveu-se a **ordem** cluniacense, que logo se impôs pela intensidade da sua vida intelectual e espiritual. Até meados do século XII, Cluny dominou o Ocidente, antes de entrar progressivamente em decadência. Ver: **cistercienses.**

*****COADJUTOR** – **Sacerdote** nomeado para ajudar e substituir um **prior** ou **prelado** no exercício das suas funções; ou simplesmente, como adjunto de um **pároco**. Nalgumas congregações religiosas, a palavra é utilizada

COMUNHÃO

para designar os membros que não são sacerdotes. Ver: **irmão leigo, converso, irmão auxiliar.**

COGULA – do latim *cuculla* "cogula". Vestimenta com capuz, usada pelos **monges** para o **Ofício divino**. Ver: **burel, capucho, hábito.**

COLATERAIS – **Naves** situadas de um e de outro lado da nave central ou principal. Ver: **naves laterais, ambulatório.**

COLECTA – No decurso da **missa**, depois do **Glória**, a colecta é uma **oração** do **temporal** que reúne (daí o seu nome) os votos sugeridos pela festa ou pelo **mistério** que se celebram.

COLEGIADA – Diz-se de uma **igreja** que, sem ser uma **sé**, possui um *colégio* (ou **cabido**) de **cónegos**.

COMADRE – do latim *cum* "com" e *mater* "mãe". Um **padrinho** e uma **madrinha** são investidos da mesma missão junto de uma criança baptizada. De acordo com a tradição, passam a estar ligados por um parentesco espiritual: são agora **compadre** e **comadre**. Este vínculo sagrado, porque ligado a um **baptismo**, não devia redundar em **matrimónio**, sob pena de **sacrilégio**.

COMPADRE – do latim *cum* "com" e *pater* "pai". Ver: **comadre.**

COMPANHEIROS DE EMAÚS – Os dois discípulos de Emaús, a quem Jesus se revelou na tarde do dia da Ressurreição, durante uma refeição em Emaús. "Os Companheiros de Emaús" é uma associação fundada em 1949 pelo abade Pierre, para prestar auxílio aos sem-abrigo. Ver: **irmãozinhos dos pobres.**

COMPANHIA DE JESUS – Ver: **Jesuítas.**

*****COMPASSO** – Palavra que em algumas regiões de Portugal significa visita pascal.

COMPLETAS – do latim *complementa (hora)* "hora de encerramento". As completas são a 7ª e última "**hora**" do **ofício divino**, cantadas pelos **monges** à noite, antes do repouso nocturno.

COMUNGAR – Comungar é receber o **sacramento** da **eucaristia**: comunga-se no corpo e no sangue de **Cristo**. Ver: **comunhão privada, comunhão solene, espécies, hóstia, primeira comunhão, mesa da comunhão.**

COMUNHÃO – Momento da **missa** (ou da **ceia**) em que o **padre** (ou o **pastor**) e, em seguida, os fiéis comungam. Ver: **eucaristia**. Para os **católicos** e para os **ortodoxos**, a comunhão consiste em receber o corpo de **Cristo** sob a forma de uma **hóstia**. Ver: **presença real, transubs-**

COMUNHÃO DOS FIÉIS

tanciação. Para todos os cristãos, a comunhão significa unir-se a Cristo na comunidade da Igreja.

COMUNHÃO DOS FIÉIS – A **Igreja**, na medida em que é uma *união* dos fiéis, que possuem em **comum** uma mesma **fé** em Jesus Cristo. Ver: **Corpo místico de Cristo**.

COMUNHÃO DOS SANTOS – Dogma segundo o qual todos os **Cristãos,** mortos, vivos ou futuros, formam uma comunidade solidária: os pecadores que vivem neste mundo ou os que expiam uma pena no **Além**, podem beneficiar dos méritos dos **bem-aventurarados**. Ver: **Igreja triunfante, militante e purgante, Purgatório**.

COMUNHÃO PRIVADA – Nos inícios do século XX, espalhou-se o uso de uma **primeira comunhão** para todas as crianças a partir dos sete anos. No entanto, o hábito da celebração tradicional da comunhão aos doze anos não foi totalmente banido: chamou-se-lhe **comunhão solene** e a primeira comunhão tomou o nome de **comunhão privada**. Actualmente, prefere-se chamar-lhes, respectivamente, "primeira comunhão" e "**profissão de fé**".

COMUNHÃO SOLENE – Quando se espalhou o hábito de uma **primeira comunhão** aos sete anos, a comunhão aos doze passou a chamar--se comunhão solene. Ver: **comunhão privada, primeira comunhão, profissão de fé**.

CONCELEBRAÇÃO – A partir de 1969, vários **padres católicos**, sob a presidência de um deles, podem oficiar em conjunto: podem *concelebrar* a missa.

CONCHA DE SANTIAGO – Os **peregrinos**, que outrora percorriam os **caminhos de Santiago** de Compostela, usavam, presas no chapéu e na **romeira**, conchas de um molusco que deve o seu nome a esse uso; na realidade, o seu nome próprio é vieira. Tratava-se de um sinal de reconhecimento, autêntico salvo-conduto nas diferentes etapas. Ver **bordão, peregrinação**.

CONCÍLIO – do latim *concilium* "assembleia". Reunião de **bispos** e de **teólogos**, que deliberam sobre questões de **dogma** e de disciplina **eclesiástica**. Distinguem-se os concílios **ecuménicos** nacionais e provinciais. Os concílios ecuménicos reúnem todos os bispos sob a autoridade do **papa**. Enquanto as **Igrejas ortodoxas** só reconhecem os sete primeiros concílios ecuménicos, a **Igreja católica** conta 21, de Niceia (325) ao Vaticano II (1962-65). Ver *aggiornamento*, **padres conciliares, símbolo, tridentino**.

CONFIRMAÇÃO

CONCLAVE – Reunião, à porta fechada, dos **cardeais**, no termo do qual é eleito um novo **papa**. O costume de fechar à chave (*cum clave*)os eleitores do futuro **pontífice** remonta a 1268: os cardeais foram praticamente aprisionados, a fim de se pôr termo a um período de quase três anos sem se decidirem por uma escolha para o trono de S. Pedro. Ver: *Habemus papam.*

CONCORDATA – do latim *concordare* "estar de acordo". Contrato assinado entre a **Santa Sé** e um estado soberano, com o objectivo de regulamentar questões relacionadas com a situação da **Igreja católica** no país em causa.

CONDENAÇÃO – Privação da **salvação** e condenação definitiva às penas do **Inferno**. Ver **condenados, escatologia, Juízo Final.**

CONDENADOS – No fim dos tempos, no momento do **Juízo Final**, **Cristo** porá à sua esquerda os condenados às penas do **Inferno**. Ver: **eleitos, réprobos.**

CÓNEGO – do latim *canonicus* "canónico". **Eclesiástico** membro do **cabido** de uma **catedral** ou de uma **colegiada**. Os cónegos assistem o **bispo**. Ver: **conselho episcopal.**

*****CONFERÊNCIA DE S. VICENTE DE PAULO** – Continuação da acção empreendida no século XVII por S. Vicente de Paulo; os seus membros, espalhados por todo o mundo, continuam a dedicar-se às obras de assistência.

CONFESSIONÁRIO – Móvel instalado nas **naves laterais** das **igrejas**, servindo de isolamento para o **sacramento** da **reconciliação**. Os confessionários foram criados na altura da **Contra-Reforma**, para satisfazer as exigências de discrição e de decência: o confessor, sentado atrás de uma cortina, ouve o penitente através de uma grade. Ver **absolvição, contrição, confissão.**

*****CONFESSO (Ê)** – Sinónimo de **confissão**. Os *dias de confesso* são aqueles que os **párocos** destinam à confissão quaresmal, convidando o **clero** das redondezas a auxiliá-los na tarefa de ouvir os penitentes. Ver: **desobriga.**

*****CONFESSO (É)** – O mesmo que convertido.

*****CONFESSOR** – **Cristão** primitivo, que foi castigado por confessar a sua **fé**, mas que não sofreu o martírio. Também se diz do padre que ouve em confissão e da pessoa que confessa. Ver: **mártir**

CONFIRMAÇÃO – Um dos sete **sacramentos** da **Igreja católica**. Conferido na adolescência, este sacramento *confirma* o **baptismo** e

CONFISSÃO

comunica os **dons do Espírito Santo**. O seu **rito** comporta a **profissão de fé**, assim como a **imposição das mãos** e a **unção** com o **santo crisma**, praticados pelo **bispo** ou o seu representante. Os **ortodoxos** mantiveram o costume de juntar a confirmação, dita também **crisma**, ao **baptismo**. Para os **protestantes**, a confirmação é o acto pelo qual os jovens confirmam os votos do baptismo e são admitidos a participarem na **ceia**. Ver: **crisma**.

CONFISSÃO – do latim *confessio*. Segundo momento do **sacramento** da **reconciliação**, no qual o **fiel** confia os seus pecados ao confessor. Familiarmente, a palavra "confissão" designa o sacramento da penitência no seu conjunto. Tratando-se de uma manifestação de crença, "confissão" significa geralmente a pertença declarada a uma **religião** (*ser de confissão ortodoxa*). Ver: **confesso (ê)**.

CONFITEOR – Nome em latim da oração "Eu, pecador me confesso", pela qual o **fiel** se reconhece pecador. Reza-se no início da **missa** e ao começar o **sacramento da reconciliação**.

*CONFRARIAS – Associações de **leigos** piedosos, com fins religiosos (*a confraria do Santíssimo Sacramento*). Sinónimo de irmandades.

CONFRARIAS DE PENITENTES – Associações de **leigos** reunidos para cumprir os seus deveres de **devoção** e de **caridade**. Numerosas durante a Idade Média, dispunham de uma **capela** e recrutavam os seus membros entre os habitantes de um bairro ou no seio de uma corporação. Além da **oração** e da **penitência**, a sua acção consistia em tratar dos doentes, assistir aos moribundos, ajudar os pobres com empréstimos sem juros... Algumas destas confrarias ainda hoje existem. Ver: **flagelantes, obras de misericórdia, Ordem Terceira...**

CONGREGAÇÃO – do latim *cum* "com" e *grex (gregis)* "rebanho". Associação de **religiosos** que vivem de acordo com uma mesma regra, após terem pronunciado **votos** simples e temporários. Ver: **ordem religiosa.**

*CONGREGAÇÃO DO ESPÍRITO SANTO – Associação de **religiosos missionários**, fundada em Paris (1703), dedicada à **evangelização** da África.

CONGREGACIONALISMO – Organização de certas **igrejas protestantes**, fundada sobre a autonomia de cada **paróquia**, gerida pela assembleia dos **fiéis** (*congregação*). Ver: **presbiterianismo.**

CÔNGRUA – Contribuição que os fiéis entregam para sustento dos **párocos**.

CONSUBSTANCIAL

CONOPEU – Véu que cobre o **tabernáculo**; recorda a **tenda** que os **Hebreus** montavam no **deserto**, para abrigar a **Arca da Aliança**. A origem da palavra é bastante prosaica: deriva do grego *konopeíon*, que significa "mosquiteiro". Ver: **cibório, véu do templo, santo dos santos**.

CONSAGRAÇÃO – Acção pela qual o **sacerdote**, durante a **missa**, consagra o pão e o vinho, que se tornam o corpo e o sangue de Jesus Cristo. À consagração segue-se a **elevação**. Ver: **liturgia eucarística, transubstanciação**.

CONSCIÊNCIA – Ver: **exame de consciência**.

CONSELHO DE FÁBRICA – Antes da **separação entre a Igreja e o Estado**, assembleia encarregada de administrar as finanças de uma **paróquia**. Ver: **conselho paroquial, fabriqueiro**.

*****CONSELHO PAROQUIAL** – Equipa de **leigos** que assistem o sacerdote na planificação das actividades paroquiais. Ver **conselho de fábrica, conselho presbiteral**.

CONSELHO ECUMÉNICO DAS IGREJAS – Organismo fundado em 1946, com o objectivo de fomentar a unidade das diferentes **Igrejas cristãs**.

CONSELHO EPISCOPAL – Assembleia de **padres** e de **leigos**, que o **bispo** pode convocar com intuitos deliberativos. Ver: **capítulo, conselho presbiteral, sínodo**.

CONSELHO PRESBITERAL – Na **Igreja católica**, depois do Vaticano II, o conselho reúne os **sacerdotes** escolhidos pelos seus confrades para assistirem o **bispo**. Ver: **capítulo, conselho episcopal, sínodo**.

CONSOLAMENTUM – **Baptismo do espírito**, que transformava em **perfeitos** uma minoria de entre os **cátaros**. Os simples crentes tinham de esperar pela morte para receberem, por sua vez, o *consolamentum*.

CONSTITUIÇÃO CIVIL DO CLERO – Votada pela Constituinte em 1790 com o objectivo de "nacionalizar" a **Igreja** em França, esta constituição teve como efeito a cisão do **clero** entre **padres** "jurantes" (que faziam o juramento) e **padres refractários** (que se recusavam a fazer o juramento).

CONSUBSTANCIAÇÃO – Para os luteranos, as substâncias do corpo e do sangue de Cristo coexistem com as do pão e do vinho, no momento da Ceia. Ver: **espécies, empanação, presença real, transubstanciação**.

CONSUBSTANCIAL – Que se torna um só pela substância. O adjectivo é referido para evocar a unidade das três **Pessoas** da **Santíssima**

CONTEMPLAÇÃO

Trindade, que têm uma só e a mesma substância (*o Filho é consubstancial ao Pai; o Pai, o Filho e o Espírito Santo são consubstanciais*).

CONTEMPLAÇÃO – Estado da **alma**, que se abre totalmente à consideração de Deus, até comungar com ele. Ver: **adoração, êxtase, misticismo**.

CONTEMPLATIVO – Os **religiosos** que pertencem a uma **ordem** contemplativa são de clausura e dedicados essencialmente à **oração** e à meditação. A *via contemplativa* opõe-se à *via activa*.

CONTINÊNCIA – O facto de se abster de qualquer relação sexual por espírito de penitência. Ver: **abstinência, jejum**.

CONTRA-REFORMA – Na sequência do movimento de **Reforma**, que, no início do século XVI, quebrou a unidade da **cristandade** ocidental e contestou a autoridade espiritual da **Santa Sé**, a **Igreja católica** romana reagiu e convocou um **concílio** em Trento (1545-1563), para examinar todos os pontos fundamentais da doutrina e rever as instituições **eclesiásticas**. Ver: **tridentino**.

CONTRIÇÃO – Momento do **sacramento** da **reconciliação**, em que o **fiel** exprime o seu pesar sincero por ter pecado. Ver: **acto de contrição**.

CONVENTO – Um convento aloja os **religiosos** de uma **ordem** posterior ao século XIII, que praticam a vida comunitária sem estarem enclausurados como os monges. A palavra, derivada de *cum* "com" e do verbo *venire* "vir, chegar", sublinha a ideia de assembleia. As **ordens mendicantes** estabeleceram-se nos conventos.

CONVENTUAIS – Nome atribuído aos **franciscanos** moderados, estabelecidos nos conventos. Nos séculos XIII e XIV, no seio da **Ordem dos Frades Menores**, opuseram-se aos **espirituais**, a propósito do ideal de pobreza de Francisco de Assis. Ver: **franciscanismo**.

CONVERSÃO – do latim *convértere* "voltar-se para". Adesão à **fé cristã** (*a conversão dos pagãos ao cristianismo*). Ver: **estrada de Damasco, neófito**.

CONVERSO(A) – do latim *conversus* "convertido". Um **irmão** converso ou uma **irmã** conversa desempenham num **mosteiro** ou num **convento** tarefas domésticas e, por esse facto, não participam plenamente no **ofício divino**. Ver: **irmão leigo**.

CONVERSOS – Palavra que significa "convertidos". Em Espanha, chamava-se *conversos* aos Judeus convertidos ao **cristianismo**. A sua conversão, conseguida sob ameaça, era muitas vezes apenas formal. Ver **abjuração, anti-semitismo, Inquisição, marranos, cristãos-novos**.

CORPO

COPTAS – **Igreja monofisita** do Egipto (**patriarcado** de Alexandria). Uma fracção dos Coptas uniu-se a Roma. Ver: **uniatas**.

CORDEIRO MÍSTICO – O cordeiro da Páscoa judaica torna-se, na **tradição cristã**, o Cordeiro místico, símbolo de **Cristo**, vítima expiatória. Na iconografia, representa-se o cordeiro colocado num **nimbo crucífero** e segurando o estandarte da **ressurreição**. Ver: **Agnus Dei, pelicano, fénix**.

CORDEIRO PASCAL – Ver: **Cordeiro Místico**.

CO-REDENTORA – Título atribuído na **Igreja católica** à **Virgem** Maria, reconhecendo-lhe um papel activo na **redenção** dos homens.

CORES LITÚRGICAS – No decurso do **ano litúrgico**, a cor dos **paramentos** litúrgicos varia segundo as festas ou os **tempos**: *roxo*, durante o **Advento**, a **Quaresma** e as **Rogações**; *branco*, nas festas de **Cristo** (**Natal, Páscoa, Ascensão**...), da **Virgem** (**Anunciação, Assunção**...) e dos **santos** não mártires; *vermelho*, no Domingo de **Ramos**, nas festas do **Espírito Santo (Pentecostes)** e dos **mártires**; *verde*, nos tempos após a **Epifania** e após a Páscoa; *negro* ou *roxo* nas missas de defuntos; *negro* ou *vermelho*, na **Sexta-Feira Santa**; *cor de rosa* ou *violeta*, no 3º domingo do Advento e no 4º domingo da Quaresma. Ver: **santoral e temporal**.

CORO – O primeiro sentido da palavra (derivada do grego *choros* e do latim *chorus*) é musical: o coro é o conjunto dos cantores. Depois, a palavra designou os **cadeirais** onde se instalam os cantores (à frente ou atrás do **santuário**). Em muitas **igrejas**, o coro dos cantores confunde-se com o santuário, embora frequentemente o coro designe o lugar onde se encontra o **altar** e onde se desenrola a liturgia. Ver: **presbitério**.

COROA DE ESPINHOS – No decurso da **Paixão**, os soldados romanos colocaram na cabeça de **Cristo** uma coroa de espinhos, sinal de uma realeza irrisória que se tornou para os **cristãos** símbolo de glória. Ver: **instrumentos da Paixão**.

COROAÇÃO DE NOSSA SENHORA – Episódio, com frequência representado na arte ocidental, em que a **Virgem** Maria, ao chegar à glória do **Céu**, é coroada rainha pelo seu **Filho** Jesus. Ver: **Assunção, Nossa Senhora**.

CORPO – O corpo é a componente material e mortal do homem. Ver: **alma**. O corpo é chamado a renascer no fim dos tempos. Ver: **Juízo Final, Ressurreição dos corpos**. O corpo não é a sede do **mal**, mas o Templo da alma. Ver: **dualismo, maniqueísmo**.

CORPO DE DEUS

CORPO DE DEUS – Nome que habitualmente se dá à festa do Santíssimo Sacramento, dita também *Corpus Christi* "Corpo de Cristo"ou *Corpus Domini* "Corpo do Senhor", celebrada na quinta-feira que se segue à **Santíssima Trindade**. No decurso da **procissão** do **Santíssimo**, os **fiéis** exteriorizam a sua **fé** na **presença real**. Ver: **ostensório, repositório**.

CORPO MÍSTICO DE CRISTO – Segundo S. Paulo, a **Igreja** forma um corpo, cuja cabeça é **Cristo** e da qual os **cristãos** são os membros.

CORPORAL – Tecido de forma rectangular, símbolo do **sudário** que envolveu o Corpo de **Cristo** (daí o seu nome), que o **sacerdote** estende sobre o **altar**, no início da **missa** e sobre o qual coloca o **cálice** e a **patena**. Ver: **panos sagrados, alfaias sagradas**.

CORPUS CHRISTI – Ver: **Corpo de Deus**.

CORPUS DOMINI – Ver: **Corpo de Deus**.

CREDO – Primeira palavra em latim do "Creio em Deus Pai", texto que permite aos **cristãos** resumir e professar a sua **fé**. Há uma versão abreviada que todos os cristãos conhecem: o **símbolo dos apóstolos** (século II) e uma versão mais longa, que os **ortodoxos** e os católicos têm em comum (apesar do desacordo sobre o *Filioque*): o **símbolo niceno-constantino-politano** (século IV).

CREIO EM DEUS PAI – Ver: *Credo*.

CRIAÇÃO – Acto divino pelo qual o universo, saído do nada, tem acesso à existência. Segundo o **Génesis**, Deus criou o mundo em seis dias: 1/ criação da luz; 2/ criação do firmamento; 3/ criação da terra e das águas; 4/ criação do sol, da lua e das estrelas; 5/criação das aves e dos peixes; 6/ criação dos animais terrestres, do homem e da mulher. Ao 7º dia, depois de ter realizado a sua obra, Deus descansou. Ver: **sabat**.

CRIATURA – Todo o ser criado pelo Criador (que ele próprio não é uma criatura). Ver: **cântico das criaturas, criação**.

CRIPTA – do latim *crypta* "gruta". Lugar situado sob uma **igreja** onde outrora se enterravam os mortos.

CRISE ICONOCLASTA – do grego bizantino *eikón* "ícone" e do verbo *kláein* "quebrar". Movimento que agitou Bizâncio, de 726 a 843: os imperadores, desejando lutar contra os excessos dos **monges** em matéria de imagens sagradas e influenciados pelo islamismo e pelo judaísmo, proibiram o **culto** dos **ícones**. Este foi solenemente restaurado em 843, com a vitória definitiva da ortodoxia.

CRUZ

CRISMA – do latim *chrismatio*, derivado do grego *krisma* "unguento". **Unção** feita com os **santos óleos**. Mais precisamente, nome dado pelos **ortodoxos** ao **sacramento** por eles associado ao **baptismo**, num rito único de iniciação cristã, chamado igualmente "unção crismal", e que corresponde à **confirmação** dos **católicos**. Ver: **santos óleos**.

CRISTANDADE – O conjunto dos povos e dos países cuja religião é o **cristianismo**. Ver: **cristãos**.

CRISTÃO – Desde os **Actos dos Apóstolos**, a palavra aparece para designar os primeiros discípulos de **Cristo**. Os cristãos, seja qual for a sua Igreja, têm em comum a **fé** em Jesus Cristo. Ver: **baptizado, cristandade, cristianismo**.

***CRISTÃOS-NOVOS** – Designação atribuída, em finais do século XV, aos **Judeus** que aceitaram ou fingiram aceitar a fé católica, bem como aos seus descendentes, para não serem expulsos de Portugal. A **Inquisição** perseguiu e levou à fogueira muitos cristãos-novos, acusados de "judaízarem"; outros exilaram-se. A perseguição só terminou em meados do século XVIII, com o marquês de Pombal. Ver: **marranos**.

***CRISTÃOS-VELHOS** – Cristãos que nunca pertenceram ao judaísmo, nem eles nem os seus antepassados.

CRISTIANISMO – **Religião** fundada sobre a **pessoa** de Jesus Cristo e sobre a sua **palavra**, considerada a palavra do próprio Deus. Ver: **cristãos, cristandade, Cristo**.

CRISTO – do grego *Christós*, tradução do hebraico *Maschiah* "ungido". "Cristo" significa "aquele que foi marcado pelo óleo santo", "aquele que recebeu a **unção** real". Foi o título dado a Jesus; foi igualmente o seu nome: "Jesus", "Jesus Cristo" ou simplesmente "Cristo". Ver: **cristãos, crisma, Filho, Messias**.

CRISTOLOGIA – da palavra *Christus* e *lógos* "discurso". Estudo de questões teológicas ligadas à Pessoa de Cristo.

CRUCÍFERO – do latim *crux (crucis)* "cruz" e do verbo *ferre* "levar". Que está marcado com o emblema da **cruz** (*um medalhão crucífero*).

CRUCIFICAÇÃO – Suplício infligido a Jesus Cristo, condenado a ser pregado numa **cruz**. Ver: **Paixão**.

CRUCIFIXO – do latim *crucifixus* "crucificado". Representação pintada ou esculpida de **Cristo** pregado na **cruz**. Ver: **calvário**.

CRUZ – Jesus Cristo morreu depois de ter sofrido o **martírio** da cruz. Reservado pelos Romanos aos escravos, este suplício, terrível e infamante,

CRUZADA CONTRA OS ALBIGENSES

consistia em amarrar ou pregar o condenado a duas traves de madeira, dispostas em cruz, deixando-o assim morrer lentamente, exposto aos olhares da multidão. A cruz, lugar do **sacrifício redentor de Cristo**, tornou-se sinal de reconhecimento dos **cristãos**. Ver: **calvário, via sacra, crucifixo, crucifixão, instrumentos da Paixão, Paixão.**

CRUZADA CONTRA OS ALBIGENSES – Combate espiritual e, a breve trecho, também político e militar, travado contra os **cátaros** do Sul de França (região de Albi) pela **Inquisição** e pelos seus aliados políticos (1209-1229). A **fogueira** de Montségur foi o seu epílogo.

CRUZADAS – Expedições armadas, enviadas pelos **cristãos** do Ocidente para libertar os **lugares santos** ocupados pelos Muçulmanos. Ver **peregrinação**. Tradicionalmente, distinguem-se oito cruzadas, que, entre o século XI e o século XIII, partiram da Europa em direcção à **Terra Santa**. A palavra "cruzada", derivada de **"cruz"**, é bem clara quanto ao carácter religioso destas guerras, que tinham como objectivo a reconquista do **Santo Sepulcro**. A realidade histórica das cruzadas, muitas vezes conduzidas por interesses económicos e políticos, nem sempre teve uma dimensão "evangélica". Ver: **cruzados**.

CRUZADOS – Combatentes marcados com o sinal da **cruz**, que participavam nas **cruzadas**.

*CRUZEIRO – Grande cruz de pedra, erguida ao ar livre, no **adro** de **igrejas**, ou em encruzilhadas, praças, estradas, **cemitérios**, etc.

CRUZEIRO DO TRANSEPTO – Espaço de uma **igreja** onde se cruzam a **nave** e o **transepto**. Ver: **planta em cruz latina**.

CUCULO – Espécie de capuz ou capelo. Sinónimo de **cogula**.

CUIUS REGIO, EIUS RELIGIO – "A religião do povo é a do príncipe". Princípio político-religioso, concedido por Carlos V, em 1526, aos príncipes alemães luteranos, desejosos de impor a sua **religião** a todos os seus súbditos. Ver: **protestantes**.

CULTO – do latim *cólere* "adorar". Homenagem prestada a Deus, à **Virgem** ou aos **santos** (Ver **latria, hiperdulia, dulia**), e a **liturgia** que a exprime (*os ministros do culto*). Mais particularmente, a palavra designa o serviço religioso **protestante** (*assistir aos cultos*). Ver: **ofício**.

CULTO MARIANO – O **culto** prestado à **Virgem** Maria é importante na **cristandade**, embora o seu âmbito e as suas modalidades possam variar conforme as **Igrejas**. O fundamento deste culto é a maternidade divina da Virgem. Ver: **theótokos**. Tanto no Oriente como no Ocidente, o culto mariano muito cedo ocupou uma posição destacada. Foi na Igreja

católica onde mais se desenvolveu, tanto na piedade como no **dogma**. Entre os **protestantes** não existe culto mariano propriamente dito. Ver: **angelus, (toque das) Avé-Marias, (toque das) Trindades, Anunciação, Assunção, Avé, terço, dormição, Imaculada Conceição, Purificação de Nossa Senhora, rosário, visitação.**

CURA – **Sacerdote** católico que se encontra à frente de uma **paróquia**. [*Conforme as regiões do país, o pároco pode também ser chamado reitor, abade, prior ou, simplesmente, padre. O termo pode designar também uma paróquia ou uma freguesia.]

CÚRIA – do latim *cúria* "senado". Na história da **Igreja**, a cúria romana é o conjunto do governo **pontifício**, cujos atributos foram fixados pelo **papa** Sisto V (1588). Paulo VI simplificou-lhe a estrutura, introduzindo um espírito de colegialidade (1967) Ver: *aggiornamento*. Cada **diocese católica** dispõe de uma cúria diocesana ou episcopal.

*****CUSTÓDIA** – Sinónimo de **ostensório**.

D.O.M. – *Deo Optimo Maximo* "A Deus Óptimo e Máximo". Esta inscrição encontra-se gravada nas lápides sepulcrais com muito frequência. Ver: **RIP**.

DALMÁTICA – Manto com mangas, usado pelos **diáconos** durante a **liturgia**. O seu nome explica-se pelo facto de que, outrora, era confeccionada habitualmente em tecido de lã proveniente da Dalmácia. Ver: **paramentos litúrgicos**.

*****DEÃO** – do latim *decanus* "que dirige um grupo de dez". O mais velho dos **cónegos** de uma **sé**, a que está inerente a presidência do **cabido**.

DECÁLOGO – do grego *déka* "dez" e *lógos* "palavra". Ver: **mandamentos, tábuas da lei**.

DECRETAL – Carta endereçada pelo **papa** a um **fiel** em particular ou a um grupo de fiéis, sobre um ponto preciso com carácter disciplinar ou administrativo. Ver: **bula, encíclica,** *ex cathedra, motu proprio*.

DEDICAÇÃO – Cerimónia em que uma **igreja** é dedicada a Deus e colocada sob a protecção de um **santo patrono**, cujo nome passará a usar. Também se chama dedicação a festa de aniversário dessa consagração. Ver: **paróquia, quermesse**.

DEICÍDIO – do latim *deus* "deus" e *caedere* "matar". "Deicídio" significa o acto de matar Deus, usando-se o termo deicida para designar o autor desse acto. A tradição **cristã** classificou de deicídio a **crucifixão** de **Cristo**. E os cristãos muitas vezes trataram os **Judeus** como deicidas, considerando-os responsáveis pela morte de Jesus. Ver: **anti-semitismo**. Esta denominação injuriosa foi oficialmente rejeitada pelo **concílio** Vaticano II, em 1965. Ver: **arrependimento, expulsão dos Judeus**.

DEISIS ou *DEESIS* – palavra grega que significa "oração". Designa a representação de **Cristo**, juiz soberano, tendo à sua direita a *Theótokos* (Maria, a mãe do Filho de Deus feito homem) e à esquerda o *pródromos* (JoãoBaptista, o **precursor**); Maria e João Baptista, de mãos estendidas,

DEMÓNIO

dirigem a Cristo um pedido de **intercessão** a favor dos homens. A *deisis* encontra-se por cima da porta central da **iconostase** das **igrejas ortodoxas**. Ver: **ícone**.

DEMÓNIO – do grego *dáimon* "génio protector". O demónio ou os demónios são anjos caídos, em quem reside o espírito do **Mal**: podem fazer ou inspirar o Mal. Ver: **diabo, exorcista, maligno, Satã, serpente**.

DEO GRATIAS – Expressão litúrgica latina: "Demos graças a Deus".

DEPOSIÇÃO – Cena da **Paixão**, em que o corpo de Jesus, após ter sido despregado da **cruz**, foi deposto sobre a pedra da **unção**, a fim de ser perfumado com os bálsamos e aromas trazidos por Nicodemos. Ver: **crucifixão, pranto, descimento da cruz, enterro**.

DE PROFUNDIS – O mais patético dos **salmos** penitenciais, cantado durante a **liturgia** dos defuntos: *"Das profundezas grito por ti, Senhor..."* Ver: *dies irae, requiem*.

DESCIMENTO DA CRUZ – O mesmo que deposição.

DESCRENTES – O mesmo que **incrédulos**. Ver: **ímpios, infiéis**.

DESERTO – O povo **hebraico** caminhou pelo deserto durante 40 anos, antes de chegar à *Terra Prometida*. Jesus permaneceu 40 dias no deserto, antes de dar início à sua **vida pública**. Ver **tentação**. Para os **anacoretas**, o deserto é o lugar por excelência para se consagrarem a Deus. Nos séculos XVII e XVIII, as assembleias do deserto eram as reuniões clandestinas dos **protestantes**, vítimas da revogação do **Edicto de Nantes**.

DESOBRIGA – Cumprir as suas obrigações como **católico**, comungando no dia de Páscoa depois de se ter confessado durante a Semana Santa. Ver: **comunhão, reconciliação**.

DESPADRAR-SE – Termo um tanto zombeteiro para indicar que alguém deixou de ser padre, transitando do estado clerical para o estado secular.

DEUTERO-CANÓNICO – do grego *dêutero* "segundo" e *kanon* "regra". A **Bíblia católica** ou **ortodoxa** integra como *canónicos* os **livros** chamados deutero-canónicos, que não figuram na Bíblia **hebraica** nem no **Antigo Testamento** da Bíblia **protestante**: Tobias, Judite, Livro 1 e Livro 2 dos Macabeus, Baruc, Sabedoria, Eclesiástico e fragmentos de Ester e de Daniel. Ver: **apócrifo**.

***DEVOCIONÁRIO** – Livro de orações utilizado pelos **fiéis**.

DEVOTO – Devotado a Deus. Sinónimo de "praticante" e de "piedoso".

DIABO – Segundo as **Escrituras** e a **tradição**, é o espírito do **Mal**, o adversário, o divisor (*diábolos*), o caluniador, o tentador... Os diabos são

anjos caídos. Ver: **demónio, exorcista, Lúcifer, maligno, Satã, serpente,** *Vade retro Satanas.*

DIÁCONO – do grego *diákonos* "servidor". Na **Igreja** primitiva, os diáconos estavam encarregados da distribuição das esmolas. Entre os **católicos** e os **ortodoxos**, os diáconos são **ministros** do culto que receberam o grau do **sacramento da ordem** imediatamente inferior ao grau de **presbítero**. O diaconado, que, no Ocidente, foi durante muito tempo apenas um escalão transitório para os futuros **padres**, voltou a ser, em 1963, um **ministério** permanente, acessível aos celibatários maiores de 25 e aos casados com mais de 35 anos. Ver: **celibato**.

DIAS MAGROS – Aqueles em que os fiéis se abstêm de consumir alimentos *gordos*, como a carne. Ver: **abstinência, Quaresma, Carnaval, Terça-Feira Gorda.**

DIAS SANTOS DE GUARDA – Para os **católicos**, os dias santos de "guarda", são aqueles em que devem observar o descanso e assistir à **missa**, mesmo quando não coincidem com um domingo: **Natal** (dia 25 de Dezembro), **Santa Maria, Mãe do Filho de Deus feito Homem** (dia 1 de Janeiro), **Sexta-Feira Santa** (móvel), **Corpo de Deus** (móvel), **Assunção de Nossa Senhora** (15 de Agosto), **Todos os Santos** (dia 1 de Novembro), **Imaculada Conceição** (dia 8 de Dezembro).

*DIATÉSSARON – do grego *téssaron* "quatro". Combinação dos quatro **Evangelhos** numa narrativa única, feita no século II, utilizada nas antigas comunidades orientais de língua grega.

DIES IRAE – "Dia de cólera". Canto **litúrgico** da missa dos defuntos, obra do franciscano Tomás de Celano (século XIII), segundo a **profecia** de Sofonias, que anuncia a proximidade do dia do Senhor. Ver: *De profundis*, **Juízo Final,** *requiem*.

DILÚVIO – No **Génesis**, Deus, depois de ter ordenado a Noé, homem piedoso, que construísse uma **arca**, castigou os homens **ímpios** inundando a terra com chuvas torrenciais. Noé foi avisado do fim do dilúvio pelo arco-íris e pela pomba, símbolos de reconciliação.

DINHEIRO DO CULTO – Um dinheiro (em latim *denarius*) era uma moeda romana de prata (*os trinta dinheiros de Judas*). O dinheiro do culto é a retribuição que os **católicos** pagam espontaneamente uma vez por ano como contribuição para os encargos financeiros da **diocese**, particularmente para garantir a remuneração dos **sacerdotes**. Diz-se também "dinheiro da Igreja" ou "dinheiro do clero". Ver: **dízima, honorários das missas, peditório, côngrua.**

DIOCESE

DIOCESE – do grego *dioíkesis* "administração". É um sinónimo de **bispado**.

DIREITO CANÓNICO – Direito **eclesiástico**, fundamentado sobre o **cânon da Igreja**: são as leis, fixadas num código, que regem a **Igreja católica**. O novo código, promulgado por João Paulo II em 1983, substituiu o de Bento XV, de 1917. Ver **cânon, canonista,** *in utroque iure*.

*****DIREITO DE APRESENTAÇÃO** – Desde a Idade Média até, pelo menos, ao século XVI, era concedido aos que fundavam ou dotavam igrejas, mosteiros, etc., o direito de nomearem para os cargos respectivos pessoas de sua escolha e confiança. Ver: **padroado**.

DISCIPLINAS – Chicote feito de pequenas cordas e pequenas correntes, utilizado para flagelação, por espírito de **mortificação**. Ver: **flagelantes, flagelação, mortificação da carne**.

DISCÍPULO – do latim *díscere* "aprender". Os discípulos de Jesus são todos os que o seguem, o escutam e acreditam na sua Palavra. Ver: **apóstolo**.

DÍZIMA – do latim *decima* "a décima parte". A dízima era o imposto outrora cobrado pela Igreja, correspondendo aproximadamente a um décimo dos rendimentos. Ver: **benefício, honorários das missas, côngrua, peditório**.

DOAÇÃO DE CONSTANTINO – Texto pelo qual o imperador Constantino, antes da sua partida para o Oriente, teria feito doação de Roma e de todo o Ocidente ao **papa** Silvestre. Este famoso documento, citado durante toda a Idade Média, foi reconhecido como falso no Renascimento. Ver: **Estados pontifícios**.

DOGMA – do grego *dogma* "opinião, crença". O dogma é aquilo que, na doutrina **cristã**, se considera como fundamental e incontestável. Ver: **infalibilidade**.

DOM – Abreviatura do latim *dominus* "senhor". Título de honra, colocado antes do nome dos **padres**, na língua italiana; e dos dignitários **eclesiásticos**, nas línguas espanhola e portuguesa (*Dom Bosco; o cardeal Dom Policarpo*). Também é usado antes dos nomes dos **trapistas, cartuxos, beneditinos**. Ver: **abade, excelência, monsenhor, padre, santidade**.

DOMINGO – do latim *dies domínica* "dia do Senhor". Dia da semana consagrado a Deus, em recordação da **Ressurreição de Cristo**. A obrigação do repouso *dominical* para os **cristãos** veio substituir o repouso *sabático* dos **israelitas**. Ver: **sabat**. Aos domingos, os **fiéis** devem assistir à **missa**.

DOXOLOGIA

*DOMINGO GORDO – Último domingo antes da **Quaresma**, em que é permitido comer carne, antes dos **dias magros** da Quaresma. Ver: **dias magros, Terça-Feira Gorda, carnaval.**

DOMINGO DE RAMOS – **Domingo** que antecede a **Páscoa** e em que se comemora a entrada triunfal de **Cristo** em Jerusalém. Os **fiéis**, repetindo o gesto da multidão entusiasmada, que lançava ramos sob as patas do burrinho montado por Jesus, levam à **igreja** ramos de buxo, de oliveira e de palmeira para serem benzidos. Os fiéis conservam estes ramos em suas casas durante todo o ano, atados a um **crucifixo**.

DOMINICANOS – Religiosos da **Ordem** dos Frades Pregadores, fundada por S. Domingos (1170-1221). Devido ao papel que desempenharam na **Igreja** e, particularmente, no seio da **Inquisição**, foram alcunhados de *Domini canes* (*Dominicanes*) "os cães de Deus". Ver: **frades pregadores, jacobinos,** *OP*, **ordens mendicantes.**

DONS DO ESPÍRITO SANTO – Disposições que Deus dá ao homem de forma a permitir-lhe viver plenamente a sua vida de **cristão**: sabedoria, inteligência, conselho, fortaleza, ciência, piedade, temor de Deus.

DORMIÇÃO – O Oriente cristão celebra a Dormição, a glorificação que a **Virgem** conheceu no seu **corpo** e na sua **alma**, no fim da sua vida terrestre. Ao passar para o Ocidente, a Dormição transformou-se na **Assunção**. A Dormição festeja-se no calendário ortodoxo a 28 de Agosto.

DOUTORES DA IGREJA – Título atribuído a alguns **teólogos**, cuja importância particular foi reconhecida pela **Igreja**, devido à amplitude e exactidão dos seus escritos e, igualmente, à **santidade** da sua vida. Entre os doutores da Igreja, enumeram-se (sem contar certos **padres da Igreja**): S. Alberto, o Grande, S. Afonso Maria de Ligório, S. Ambrósio, S. Anselmo, S. António de Lisboa/Pádua, S. Bernardo, S. Boaventura, S. Francisco de Sales, S. João da Cruz, S. Pedro Canísio, S. Pedro Damião, S. Roberto Belarmino, Santa Teresa de Jesus, S. Tomás de Aquino.

DOUTORES DA LEI – Ver: **escribas.**

DOXOLOGIA – do grego *doxologia*, derivado de *dokeín* "acreditar" e *lógos* "palavra". **Oração** à glória de Deus (particularmente a que conclui a **oração eucarística**). [*Na liturgia primitiva, considerava-se uma doxologia maior o hino angélico do Natal, *Gloria in excelsis Deo...* "Glória a Deus nas alturas"; e uma doxologia menor, *Gloria Patri...* "Glória ao Pai...", cujas origens são obscuras, mas que resultou da controvérsia ariana, cujos sequazes não aceitavam a consubstancialidade do Pai e do Filho. Esta doxologia é repetida em louvor da **Santíssima Trindade** no final de cada **salmo** e de cada cântico, nos ofícios das **liturgias** cristãs.]

DUALISMO – Doutrina combatida como **herética** pela **Igreja**. Os dualistas vêem no universo uma luta eterna entre dois princípios divinos opostos: um deus bom, criador do mundo **espiritual**, e um deus mau, que está na origem de tudo o que é material. Daí deriva uma oposição entre o Céu e a Terra, entre a alma e o corpo. Ver: **maniqueísmo**.

DULIA – do grego *duleía* "servidão". O culto de dulia é o que se presta aos **anjos** e aos **santos**. Ver: **hiperdulia, latria**.

ECCE HOMO – Depois da **flagelação** e dos ultrajes, Pilatos apresentou Jesus à populaça, dizendo *Ecce Homo*! "Aqui está o homem!" Ao que a multidão respondeu: "Crucifica-o!" Um *Ecce homo* é uma representação de **Cristo** achincalhado, mascarado de rei escarnecido, com um manto de púrpura e uma **coroa de espinhos**. Ver: **flagelação, instrumentos da Paixão.**

ECLESIÁSTICO – do latim *ecclesia* "igreja". O adjectivo significa "relativo à **Igreja**" (*um tribunal eclesiástico*); como substantivo: "membro do **clero**" (*uma reunião de eclesiásticos*).

ECUMÉNICO – do grego *oikuméne (gê)* "a terra habitada". Universal. Ver: **católico**. Um **concílio** diz-se "ecuménico", quando reúne todos os **bispos**. O **patriarca** de Constantinopla é chamado patriarca ecuménico. Ver: **primado**. O qualificativo utiliza-se hoje referido a tudo aquilo que concorre para a unidade dos **cristãos**, ou que encoraja a tolerância.

ECUMENISMO – Movimento favorável à unidade de todos os **cristãos**. Mais genericamente, tolerância e compreensão entre as diferentes **religiões** ou ideologias. Ver **irenismo.** [*Na Conferência Missionária Internacional de 1910, foi fundado em Edimburgo o Movimento Ecuménico, que contou com a adesão de várias Igrejas.]

ÉDEN – do hebraico *Eden* "delícias". Sinónimo de **paraíso terreal.**

EDICTO DE MILÃO – Em 313, o imperador Constantino, pelo Edito de Milão, concedeu a liberdade de culto a todo o império e particularmente aos **cristãos**, acabando com as perseguições sistemáticas de que eram vítimas. Ver: **doação de Constantino, mártires.**

EDICTO DE NANTES – Edicto assinado em Nantes por Henrique IV, em 1598, reconhecendo aos **protestantes** o direito de praticarem a sua **religião**. Este acto jurídico assinalou o fim das **guerras de religião**. Foi revogado por Luís XIV, em 1685. Ver: **revogação do Edicto de Nantes.**

EDÍCULA

*EDÍCULA – Pequena **capela** que serve de **relicário** ou de **tabernáculo**. Ver: **oratório**.

ELEITOS – Os eleitos são aqueles que, de entre os chamados, serão escolhidos por Deus. No fim dos tempos, no momento do **Juízo Final**, Cristo colocará os eleitos à sua direita, para que conheçam a **salvação** eterna. Ver: **condenados, réprobos**.

ELEVAÇÃO – Após a **consagração** do pão, o **sacerdote** eleva a **hóstia** que se tornou no corpo de **Cristo**; após a consagração do vinho, o sacerdote eleva o **cálice**, com o vinho que se tornou sangue de **Cristo**. A cada elevação, os **fiéis** manifestam o seu respeito, adorando e inclinando-se, e o **menino de coro** toca três vezes a campainha; seguidamente, pronuncia-se a **anamnese**. Ver: **liturgia eucarística**.

EMINÊNCIA – Título reservado aos **cardeais** (*Sua Eminência o senhor cardeal*). A expressão "eminência parda" deriva do sobrenome atribuído ao padre Joseph du Tremblay, **capuchinho**, conselheiro secreto do cardeal Richelieu. Ver: **abade, dom, excelência, monsenhor, padre, reverendo, santidade**.

EMPANAÇÃO – do latim *panis* "pão". Doutrina luterana, segundo a qual o pão e o corpo de **Cristo** coexistem no momento da **ceia**. Ver: **consubstanciação**.

ENCARNAÇÃO – O **mistério** da Encarnação é o acto pelo qual Deus, para a salvação dos homens, se fez carne na **Pessoa** de Jesus Cristo. Segundo este mistério, ficaram intimamente unidas, sem, no entanto, se confundirem, as duas **naturezas**, a divina e a humana, na Pessoa única de **Cristo**. O sentido da Encarnação foi distorcido pelas três heresias principais: o **arianismo**, o **nestorianismo** e o **monofisismo**.

ENCÍCLICA – Carta do **papa** endereçada a todos os **bispos** (ou a uma parte) e, através deles, a todos os **fiéis**. A origem da palavra (do grego *enkýklios*), sugere a sua primitiva forma de difusão. Designa-se uma carta encíclica pelas primeira palavras do seu texto: por exemplo, a *Rerum Novarum* de Leão XIII (1891). Ver: **bula,** *ex cathedra, motu proprio,* **decretal**.

ENCOMENDAÇÃO DA ALMA – Expressão popular para referir as orações de uma **missa** de corpo presente, destinadas a "encomendar" a alma do falecido, para que tenha descanso eterno. O termo apropriado seria *requiem*.

*ENDOENÇAS – Solenidades religiosas da **Semana Santa**, misto de cerimónias litúrgicas e de representação teatral da **Paixão e Morte** de Cristo.

ESCOLÁSTICA

ENTERRO – Cena da **Paixão**, em que o corpo de Jesus foi sepultado num túmulo novo oferecido por José de Arimateia. Ver: **pranto, deposição.**

EPIFANIA – do grego *epipháneia* "aparição". A palavra foi utilizada desde o século V, para designar o episódio da **adoração** do menino Jesus pelos reis **magos** e a sua comemoração. A epifania é a **revelação** de **Cristo** aos **gentios**, isto é, a todos os povos da terra, simbolizados pelos Magos, vindo de longe. Ver: **teofania**. A epifania, vulgarmente chamada "Dia de Reis", celebra-se a 6 de Janeiro ou no 1º domingo após o dia 1 de Janeiro. Ver: **ouro, incenso, mirra.**

EPISCOPAL – Relativo ao **bispo**.

EPÍSTOLA – do latim *epístula* "carta". As Epístolas são as cartas escritas pelos **apóstolos** Paulo, Tiago, Pedro, João e Judas Tadeu às primeiras comunidades **cristãs** (*2ª Epístola de S. Paulo aos Coríntios*). As Epístolas fazem parte do **Novo Testamento**. No decurso da **liturgia da palavra** (2ª parte da **missa**), lê-se a Epístola (2ª leitura, que é um passo de uma das Epístolas).

*****ERMIDA** – Pequena **igreja** ou **capela**, quase sempre edificada fora das povoações e dedicada a algum **culto** particular.

ERMITA – do grego *éremos* "deserto". **Religioso** que vive na solidão de um **deserto**, num **ermitério**. A vida *ermítica* (**monges** solitários) opõe-se à vida *cenobítica* (monges que vivem em comunidade). Ver: **anacoreta, asceta, cenobita.**

ERMITÉRIO – Lugar isolado, onde vive, retirado do **mundo**, um **ermita**. Ver: **anacoreta.**

ESCAPULÁRIO – do latim *scapulae* "ombros". Parte do hábito **monástico**, de origem **beneditina**, consistindo em duas longas tiras de tecido, da largura dos ombros, e caindo à frente e atrás. Ver: **burel, cogula, hábito**. Chama-se habitualmente "escapulário" a duas imagens de tecido, atadas por duas fitas, que os leigos piedosos usavam secretamente debaixo da sua roupa, no peito e nas costas, muitas vezes como sinal de pertencerem a uma **confraria.**

ESCATOLOGIA – do grego *éschatos* "último" e *logos* "discurso". Escatologia é a ciência dos últimos momentos da humanidade. Ver: **condenação, Juízo Final, ressurreição, salvação, vida eterna.**

ESCOLÁSTICA – do latim *scholasticus* "relativo à escola". A escolástica é o ensino da **teologia** e da filosofia, como se praticava durante a Idade Média, primeiro nas escolas ligadas aos **mosteiros** e às **catedrais**,

ESCRIBAS

depois nas universidades. O objectivo da Escolástica era conciliar a **fé** com a razão, segundo um método cujo formalismo crescente explica o sentido pejorativo que a palavra adquiriu a partir do século XV. Ver: **tomismo**.

ESCRIBAS – do latim *scriba* "escrivão", derivado do verbo *scríbere* "escrever". Doutores da Lei, que se instalavam diante do **templo**. Ver: **sinédrio**. Jesus censurava-lhes o formalismo e a hipocrisia. Ver: **fariseus**.

ESCRITURA – A Escritura, as Escrituras, a Sagrada Escritura: são expressões utilizadas para designar os textos contidos na **Bíblia**. Ver: **Testamento**.

ESPÉCIES – do latim *species* "aspecto, aparência". As espécies, também chamadas *sagradas espécies* ou *espécies eucarísticas*, são as aparências do pão e do vinho que se tornaram substancialmente o corpo e o sangue de **Cristo**, no momento da **consagração**, na **eucaristia**. Ver **consubstanciação, presença real, transubstanciação**. "Comungar sob as duas espécies" significa comungar comendo a **hóstia** e bebendo o vinho consagrado no **cálice**.

ESPERANÇA – Uma das três **virtudes teologais**. A Esperança é a certeza de sermos salvos graças à **misericórdia** divina, na expectativa da **vida eterna**.

ESPÍRITO, ESPÍRITO SANTO – Deus, como terceira **Pessoa** da Santíssima **Trindade**. O Espírito Santo desceu sobre Maria, no momento da **Anunciação**. Jesus foi concebido por obra e graça do Espírito Santo. O Espírito Santo apareceu sob a forma de uma **pomba** no **baptismo de Cristo**; desceu sobre os **apóstolos** no momento do **Pentecostes**; inspirou a **Igreja** e permite que se realize, até ao fim dos tempos, a obra de **redenção** conquistada por Cristo. O lugar do Espírito Santo no seio da Trindade tem sido objecto de numerosas controvérsias. Ver: *Filioque*.

ESPIRITUAL – O espiritual, que se opõe ao **temporal**, não tem realidade material. É espiritual tudo aquilo que releva do **espírito** e da vida da **alma** (*Os exercícios espirituais de S. Inácio de Loiola*). Ver: **místico**.

ESPIRITUAIS – Nome dado nos séculos XIII e XIV aos **franciscanos** rigoristas, que pretendiam permanecer fiéis ao *espírito* do ideal de pobreza do fundador. Opunham-se aos **conventuais**. Ver: **franciscanismo**.

ESSÉNIOS – Seita judaica (século II a. C. – século I d. C.). Os Essénios viviam em comunidade e levavam uma vida ascética. Opunham-se à classe sacerdotal dominante e viviam numa ansiosa expectativa **escatológica**. Exerceram grande influência sobre o **cristianismo** nascente. Ver: **manuscritos do Mar Morto**.

ESTADO DE GRAÇA – "Estar em estado de graça" significa estar limpo do **pecado,** com o auxílio da **misericórdia** divina. Ver: **absolvição, graça, perdão, reconciliação.**

ESTADOS PONTIFÍCIOS ou ESTADOS DA IGREJA – Território no centro da Itália, sobre o qual se estendia o poder **temporal** do **papa**, do século VIII até ao século XIX. Ver: **acordos de Latrão, doação de Constantino.**

ESTAMENHA – Tecido de lã grosseira, usado em contacto directo com o corpo por espírito de **mortificação,** muitas vezes em associação com o **cilício.**

ESTANTE – do latim *stare* "estar". Móvel onde se abrem os livros de canto; coloca-se no centro do coro. Ver: **antifonário, canto gregoriano**

ESTIGMAS – do grego *stigma* "picada". Marcas apresentadas nas mãos, nos pés e no lado de certos **místicos**, idênticas às cinco chagas de **Cristo**. S. Francisco de Assis foi o primeiro estigmatizado (1224). Ver: **franciscanismo**. A história da Igreja conta numerosos estigmatizados, como, já no século XX, Teresa Neumann ou o Padre Pio. Ver: **crucificação.**

ESTILITA – do grego *stýlos* "coluna". Anacoreta que vivia no cimo de uma coluna.

ESTOLA – *Echarpe* litúrgica, cuja cor varia conforme as festas e os **tempos** do **ano litúrgico**. Os **presbíteros** usam-na cruzada sobre o peito; os **diáconos** em bandoleira, apertada sob o braço direito. Ver: **paramentos litúrgicos.**

ESTRADA DE DAMASCO – Saulo de Tarso, **Judeu** rigorista, inimigo dos **cristãos**, foi enviado a Damasco para prender os adeptos de Jesus. Segundo os **Actos dos Apóstolos**, durante a viagem, uma luz ofuscante derrubou-o do cavalo e uma voz disse-lhe:«Eu sou Jesus, a quem tu persegues.» Saulo converteu-se, tomou o nome de Paulo e tornou-se um ardente defensor do **Cristianismo**, o **apóstolo dos gentios**. Ver: **Epístola**. *"Encontrar a sua estrada de Damasco"* significa "converter-se". Ver: **conversão.**

ETERNO – Qualificativo reservado a Deus, absoluto e infinito, que não está sujeito ao tempo. Ver: **alfa e ómega.**

EU PECADOR ME CONFESSO – Ver: *confiteor*

EUCARISTIA – do grego *eucharistía* "acção de graças". Sacramento comum a todos os **cristãos**, instituído pelo próprio **Cristo**, durante a **ceia**, a última refeição que partilhou com os seus **discípulos**, antes de ser preso e de sofrer a **Paixão**. No decurso de uma refeição ritual, que

EVANGELHO

comemora e perpetua o **sacrifício** de Cristo, o **sacerdote** ou o **pastor**, pronunciando as palavras de Jesus, consagra o pão e o vinho; em seguida, come o pão e bebe o vinho; por fim, distribui aos **fiéis** que o desejarem, o pão consagrado. Ver: **comunhão, consubstanciação, espécies, hóstia, missa, presença real, transubstanciação.**

EVANGELHO – do grego *euangélion* "boa nova". O evangelho é a boa nova proclamada por Jesus Cristo. Pregar o Evangelho é anunciar a *Boa Nova*.

EVANGELHOS – Os Evangelhos reconhecidos como **canónicos** são os quatro livros onde se encontram consignadas as acções e a doutrina de Jesus Cristo, e que têm o nome dos autores aos quais são tradicionalmente atribuídos: Mateus, Marcos, Lucas e João. Diz-se "Evangelho segundo S. Marcos" ou mais simplesmente, "Evangelho de Marcos": apresentam numerosas semelhanças, mas também diferenças na maneira de relatar os factos e de referir as palavras de Jesus. Foram redigidos entre o ano 70 e os finais do século I, a partir de testemunhos directos ou próximos. Ver: **apócrifos, Novo Testamento, tetramorfo, sinópticos.**

EVANGELHOS APÓCRIFOS – Ver: **apócrifos.**

EVANGELHOS SINÓPTICOS – Ver: **sinópticos.**

EVANGELIÁRIO – Livro que contém os diferentes passos dos **Evangelhos** lidos ou cantados cada dia na **missa**. Ver: **missal.**

EVANGELISTAS – Os quatro autores dos **Evangelhos canónicos**: Mateus, Marcos, Lucas e João. Ver: **apócrifos, Novo Testamento, tetramorfo, sinópticos.**

EVANGELIZAÇÃO – Propagação da **Fé cristã**, pela palavra e pelo testemunho. Ver: **conversão, missionários.**

EX CATHEDRA – O papa, quando fala *ex cáthedra*, isto é, a partir da sua sede **apostólica**, é infalível em matéria de doutrina e de moral, segundo as definições do **concílio** Vaticano I (1870). Ver: **púlpito, infalibilidade.**

EX VOTO – Expressão latina que significa "segundo o voto", que se tornou um substantivo comum para designar um quadro ou um objecto simbólico, expostos num lugar de culto, como agradecimento por uma graça recebida. Ver: **Virgem de Misericórdia, milagre, peregrinação.**

EXAME DE CONSCIÊNCIA – do latim *exámen* "fiel da balança, pesagem". Avaliação daquilo de que estamos *conscientes*, daquilo que sabemos sobre o nosso próprio comportamento, perante os homens e perante Deus. Ver: **confissão, reconciliação.**

EXPULSÃO DOS JUDEUS

EXCELÊNCIA – Título honorífico dado aos **bispos** e aos **arcebispos** (*Como Vossa Excelência desejar!*). Ver: **abade, dom, eminência, monsenhor, padre, reverendo, santidade.**

EXCOMUNHÃO – "Excomungar" significa "*excluir* da *comu-nidade* religiosa". Na Idade Média, a excomunhão era utilizada pelos **papas** e pelos **bispos** como uma arma temível, espiritual e temporal. Eram suas vítimas os **hereges** e, mais genericamente, os que eram considerados inimigos da **Igreja**. O excomungado deixa de ter acesso aos **sacramentos** e à **vida litúrgica**. Ver: **anátema, interdição.**

EXEGESE – do grego *exéguesis* "explicação". Interpretação filológica, histórica e doutrinal das Escrituras. Ver: **hermenêutica, glosa.**

EXEGETA – Especialista em **exegese**.

EXÉRCITO DA SALVAÇÃO – Organização religiosa de origem **metodista** (1878), vocacionada para a caridade e para a acção evangelizadora.

EXÍLIO – Ver: **cativeiro de Babilónia.**

ÊXODO – do grego *hodós* "caminho" e do prefixo *ex-* "fora de". **Livro** do **Antigo Testamento** que evoca a saída dos **Hebreus** do Egipto e a sua marcha através do **deserto**, rumo à **Terra Prometida**. Ver: **sarça ardente, mandamentos, maná, nuvem, passagem do Mar Vermelho.**

EXORCISTA – do grego *exorkistés*, derivado de *hórkos* "esconjuro". **Clérigo** que recebeu a antiga 3ª **ordem menor**, que lhe conferia o poder de expulsar os **demónios** dos possuídos, com o auxílio de fórmulas e de gestos rituais. Ver: **diabo.**

EXPIAÇÃO – do latim *expiatio*, derivado de *pius* "piedoso, justo". Reparação de uma falta através de uma pena infligida ao faltoso ou que este se inflige a si próprio, para se resgatar. Ver: **mortificação, talião**. Cristo morreu na cruz em expiação pelos **pecados** da humanidade. Ver: **resgate, redenção.**

*****EXPULSÃO DOS JUDEUS** – Em 1492, os Reis Católicos expulsam os **Judeus** de Espanha. Uma parte deles entra em Portugal, quer em trânsito, quer para se fixar. Pouco depois, bruscamente, pelo edicto de 5 de Dezembro de 1496, D. Manuel ordena a saída dos Judeus de Portugal, ou, em alternativa, a sua **conversão** ao **cristianismo**. Como a maioria não consegue partir no prazo estipulado, muitos são forçados a receber o **baptismo**, tornando-se **cristãos-novos**. Só 500 anos depois, em 1996, o decreto de D. Manuel foi revogado, tendo o governo português apresentado oficialmente desculpas à comunidade israelita pelas injustiças cometidas. Ver: **anti-semitismo, arrependimento.**

ÊXTASE

ÊXTASE – do grego *éxtasis* "o facto de estar fora de si". Estado excepcional de união com Deus, em que se encontram certos **místicos** visionários, transportados para fora de si mesmos e do mundo sensível (*o Êxtase de S. Teresa, obra-prima de Bernini*). Ver: **contemplação.**

EXTREMA-UNÇÃO – do latim *unctio*, derivado do verbo *únguere* "ungir". A extrema unção é um dos sete **sacramentos** da Igreja Católica, administrado aos doentes em perigo de vida: o sacerdote unge com os **santos óleos** a testa do fiel, abençoa-o e absolve-o dos seus pecados. Actualmente, prefere-se dizer, e com toda a razão, **"unção dos doentes"**. Ver: **últimos sacramentos, viático.**

*FÁBRICA DA IGREJA – Na linguagem **eclesiástica**, termo que se utiliza para indicar a entidade económica que subvenciona as necessidades do **culto** público, ou seja, a administração **temporal** que preside, guarda e dispõe do recheio geral do **templo**. Também se aplica às rendas ou rendimentos dedicados ao mantimento de uma **igreja**.

FABRIQUEIRO – Membro da comissão fabriqueira. Diz-se da pessoa encarregada de cobrar os rendimentos de uma **igreja**. O termo também é utilizado para designar o encarregado da guarda das alfaias e **paramentos** de uma igreja. Ver: **conselho de fábrica.**

FARISEUS – do grego *pharisaíos*, derivado do hebraico *paruchim* "separados". Membros de uma seita **judaica** muito ligados à estrita observância da **Tora** e da tradição oral. Jesus censurou-lhes o seu formalismo e a sua hipocrisia. Alguns fariseus, como Nicodemos e José de Arimateia, foram **discípulos** de **Cristo**, mas a grande maioria combateram-no. Ver: **Essénios, Saduceus, Zelotas.**

*FARRICOCO – Indivíduo que acompanha as procissões de penitência, sobretudo durante a Semana Santa, encapuzado e tocando uma trombeta de espaço a espaço.

FÉ – do latim *fides* "crença, confiança, fidelidade". Uma das três **virtudes teologais**. A Fé é a crença absoluta em Deus, uma total confiança nos seus benefícios, uma fidelidade sem falha às verdades reveladas e ao **dogma** da **Igreja**.

FÉNIX – O pássaro mítico, que renasce das suas próprias cinzas, aparece na arte **paleocristã** como uma figura de **Cristo** ressuscitado. Ver: **Cordeiro Místico, Ichthys, pelicano.**

FESTA DOS REIS – Ver: **Epifania.**

FESTAS MÓVEIS – Festas litúrgicas cuja data é variável, por estarem associadas à data da Páscoa. Ver: **ano litúrgico, tempo pascal.**

FIAT – Palavra latina *fiat* "faça-se". No livro do Génesis, a palavra exprime a vontade criadora de Deus: *Fiat lux et lux facta est* "Faça-se a luz e a luz foi feita". Ver: **criação**. No Evangelho de S. Lucas, exprime a aceitação de Maria, à anunciação: *Fiat mihi secundum verbum tuum* "Faça-se em mim segundo a tua palavra".

FIDEÍSMO – do latim *fides* "fé". Doutrina que se desenvolveu em inícios do século XIX, segundo a qual a única razão para acreditar é a própria **fé**, afastada qualquer justificação racional. O fideísmo foi condenado pela **Igreja católica** em 1838.

FIÉIS DEFUNTOS – Um dia depois da Festa de **Todos os Santos**, a 2 de Novembro, comemoram-se na **Igreja católica** todos os **fiéis** defuntos. Reza-se pela sua **salvação**. Ver: **purgatório, finados**.

FIEL – do latim *fidelis*, derivado de *fides* "fé". Os fiéis são todos os que têm **fé** em Jesus Cristo. Ver: **cristão**.

FILACTÉRIO – Na arte medieval, bandeirola desenrolada mostrando **anjos**, **santos** ou **profetas** e em que estão também escritas as suas palavras. O termo, através do latim e do grego, é a adaptação do hebraico *tephilín*, que designa as caixas de couro onde se guardam tiras de pano com passos da **Lei**, que os **Judeus** piedosos usam no braço esquerdo e na testa durante as suas **orações**.

*FILHAS DA CARIDADE – Congregação fundada em 1633 por S. Vicente de Paulo, cujas **religiosas** são comumente chamadas "Irmãs de S. Vicente de Paulo", dedicadas a servir Cristo na pessoa dos pobres. Ver: **Conferência de S. Vicente de Paulo.**

*FILHAS DE MARIA AUXILIADORA – Ramo feminino da Congregação **Salesiana**, fundada por S. João Bosco, com a colaboração de Stª Maria Mazarello.

FILHO – Segunda **Pessoa** da Santíssima **Trindade**, Jesus Cristo, em quem Deus encarnou para a **salvação** dos homens. Ver: **Cristo, cristologia, Messias, Redentor, Salvador, Verbo.**

FILHO DO HOMEM – Título **messiânico**, que Jesus se atribuía a si próprio.

FILHO PRÓDIGO – Através da **parábola** do filho pródigo, Jesus evoca o **amor** e o **perdão** do **Pai**.

FILHOS DE ABRAÃO – Todos os que afirmam descender de Abraão: os **Israelitas**, seus descendentes directos, mas também os **cristãos** e os muçulmanos. Ver: **abraâmico**.

FILIOQUE – O *credo* da Igreja católica proclama, a propósito do Espírito Santo: *Et ex Patre Filioque procedit* "E procede do Pai e do Filho". A palavra *Filioque,* que não figura no **símbolo niceno-constantinopolitano**, foi acrescentado na época de Carlos Magno, para lutar contra o **arianismo**, que punha em causa a divindade de **Cristo**. Os ocidentais entendiam afirmar assim que o Espírito recebe a sua divindade do **Pai**, mas também do **Filho**. Este acréscimo, considerado como inoportuno pelos **teólogos bizantinos**, esteve na origem de uma oposição dogmática grave, que levou à separação das Igrejas grega e latina. Ver: **cristologia, Cisma do Oriente.**

FILIPINOS – Ver: **oratorianos.**

FILISTEUS – Povo rude, que procurava apoderar-se da terra do povo de Israel. Foi no decurso da guerra de resistência contra os invasores que ocorreu o episódio de David e Golias: armado com uma simples funda, o jovem David derrotou o campeão dos Filisteus.

*****FINADOS** – Ver: **fiéis defuntos**

FLAGELAÇÃO – Episódio da **Paixão**, no decurso do qual **Cristo** foi flagelado por ordem do governador romano Pôncio Pilatos.

FLAGELANTES – Penitentes que apareceram espontaneamente na Itália, em finais do século XIII, logo organizados em **confraria**: envergando **cogulas**, flagelavam-se mutuamente por espírito de **mortificação**, a maior parte das vezes perante a ameaça de uma epidemia de peste, com o objectivo de obterem a clemência divina. Ver: **expiação, flagelação, cogula, joaquimitas.**

FOGUEIRA – Eram condenados a morrer queimados na fogueira os que a **Inquisição** reconhecia culpados de bruxaria ou de **heresia** (*Joana de Arc morreu queimada na fogueira*). Ver: **auto-de-fé, cruzada contra os Albigenses.**

FONTE BAPTISMAL – do latim *fons (fontis)* "nascente". A fonte baptismal fica situada normalmente numa **capela** próxima da entrada da **igreja**. Trata-se de uma pia destinada ao **baptismo** por *infusão*, tal como se generalizou no Ocidente a partir do século XIV. Ver: **baptistério, imersão, pia baptismal.**

FORTALEZA – Uma das quatro **virtudes cardiais.**

FRADE – do latim *frater (fratris)* "irmão". Nome dado ao conjunto dos religiosos de certas **ordens**, mesmo que sejam padres (*os frades pregadores*). Em outras Ordens, como os **cartuxos**, a distinção entre **padres** e frades corresponde a uma hierarquia (os frades viviam em comunidade e

FRADES MENORES

estavam encarregados do **temporal**). Em certas instituições, os frades têm o estatuto de **leigos** ou não acederam ainda ao **sacerdócio.** Ver: **converso, irmão leigo, freira, irmã.**

FRADES MENORES – Nome dado aos **franciscanos**. De acordo com o ideal de humildade de S. Francisco, os **frades** da sua **ordem** chamam-se "menores", ou seja, "mais pequenos". Ver: **franciscanismo.**

FRADES PREGADORES – Ordem fundada por S. Domingos (1170-1221), cuja missão era a **pregação**. Desempenharam papel importante na luta contra a **heresia**. Ver: **cruzada contra os Albigenses, Inquisição.** Deram à Igreja papas, santos e grandes teólogos. Ver: **doutores da Igreja, dominicanos, jacobinos, *OP*, ordens mendicantes, tomismo.**

FRANCISCANISMO – O ideal e a espiritualidade de S. Francisco de Assis (1181-1226): pobreza evangélica, alegria em todos os momentos, **amor** de Deus e de todas as **criaturas**. Ver: **cântico das criaturas, capuchinhos, conventuais, menores, *OFM*, espirituais, estigmas, ordem terceira.**

FRANCISCANOS – Religiosos da ordem dos frades menores, fundada por S. Francisco de Assis (1181-1226). Ver: **franciscanismo, frades menores.** Ver: **jacobinos.**

FREIRA – Título dado às **religiosas**, de **clausura** ou não. Sinónimo de **Irmã.** Ver **frade, madre, padre, soror.**

FUGA PARA O EGIPTO – Avisados pelos **magos** acerca das intenções assassinas de Herodes, em relação ao Menino Jesus, José e Maria decidiram fugir para o Egipto. Ver: **adoração dos magos, matança dos inocentes, natividade.**

GALHETAS – Os dois recipientes destinados a conter o vinho e a água da **Missa**. Ver: **lavabo, manustérgio, alfaias sagradas.**

GALICANISMO – do latim *Gallia* "Gália". De Filipe, o Belo, até à República, reivindicação por parte da **Igreja** de França da sua independência perante a **Santa Sé**. Ver: **concordata, ultramontanismo.**

GEENA – Nome de um vale perto de Jerusalém, *gé-hinnom* "o vale de Hinom", maculado pelo rei Josias para impedir que ali se celebrassem **ritos pagãos**. Este local, onde se queimava o lixo, tornou-se, no **Novo Testamento**, a geena, sinónimo de **inferno**.

GÉNESIS – do grego *génesis* "nascimento, origem". Primeiro **livro** do **Antigo Testamento**, que conta o princípio do mundo, da humanidade e do povo **judaico**. Os principais episódios são: a **criação**, Adão e Eva no **paraíso terreal**, o **pecado original**, Caim e Abel, o **dilúvio**, a **torre de Babel**, Sodoma e Gomorra; as biografias dos **patriarcas** Abraão, Isaac e Jacob (que se tornou Israel e pai de doze filhos); José no Egipto; as doze **tribos de Israel**.

GENTIOS – do latim *gentiles* "bárbaros", tradução do hebraico *goyim* "estrangeiros". Os **cristãos** utilizaram esta palavra para indicar os **pagãos** que deviam ser evangelizados (*Paulo, o Apóstolo dos gentios*). Ver: **circunciso.**

GENUFLEXÃO – Gesto que consiste em *dobrar o joelho* e incli-nar-se em sinal de respeito e de adoração (*fazer uma genuflexão diante do Santíssimo Sacramento*). Ver: **sinal da cruz.**

GENUFLEXÓRIO – Espécie de móvel utilizado para rezar e que consiste numa tábua baixa em que se apoiam os joelhos e uma parte elevada, na frente do corpo e em cujo rebordo superior descansam as mãos ou os antebraços.

GIBELINOS – Ver: **Guelfos e Gibelinos**.

GLORIA – Hino de **louvor** cantado e recitado durante o **rito de abertura** da **missa**, após o **Kyrie**; começa pelas palavras *Gloria in excelsis Deo*... "Glória a Deus nas alturas". O *Gloria* foi musicado pelos compositores mais famosos (*o Gloria de Vivaldi*). O *Gloria* é suprimido durante os **tempos** de luto, que são o **Advento** e a **Quaresma**.

*****GLÓRIA AO PAI** – Ver: **doxologia**.

GLOSA – do grego *glôssa* "palavra ou expressão que precisa de uma explicação". Comentário inscrito entre as linhas de um texto ou no fundo de uma página, sob a forma de notas. Ver: **exegese, hermenêutica**.

GLOSSOLALIA – do grego *glôssa* "língua" e *lalein* "falar". Dom sobrenatural das línguas. Ver: **carisma**.

GNOSE – do grego *gnôsis* "conhecimento". Conhecimento esotérico dos **mistérios da religião**, transmitido a alguns iniciados e considerado superior ao dos simples crentes. Dá-se o nome de gnosticismo às doutrinas fundamentadas na gnose. Os gnósticos foram considerados **hereges**.

*****GÓTICO** – Diz-se do estilo arquitectónico utilizado em muitas **igrejas** do Ocidente medieval, caracterizado, entre outras coisas, pelo uso da ogiva, pelo que também se designa por estilo ogival.

GRAÇA – Dom gratuito de Deus, que manifesta o seu **amor** e o seu perdão, sejam quais forem os méritos do homem. A Graça divina, que tem a sua realização em **Cristo**, traz a **salvação** à humanidade. Na **Igreja**, muito cedo se instaurou um debate es-sencial sobre a Graça. Será que o dom de Deus, gratuito e universal, intervém no respeito pela liberdade do homem? Qual a importância das **obras** na busca da salvação? Que atitude deve ter o homem face à omnipotência da Graça de Deus? Ver: **augustinismo, calvinismo, jansenistas, livre arbítrio, luteranismo, molinistas, pecado original, pelagianismo, predestinação, providência**.

GRADUAL – **Salmo** que se cantava durante a **missa**, no momento das leituras. O gradual ficou a dever o seu nome ao sítio onde era cantado: o *gradus* ou **ambão**.

GREGORIANO – Ver: **calendário gregoriano, canto gregoriano, reforma gregoriana**.

*****GUARDIÃO** – Funcionário superior dos **conventos franciscanos** e de alguns outros.

GUELFOS E GIBELINOS – Os Guelfos (de *Welf*, nome de uma família alemã que tinha tomado partido pelo **papa**) eram os partidários do poder

pontifício na Itália, nos séculos XIII e XIV, ao passo que os seus adversários, os Gibelinos (de *Weibelingen*, feudo dos Hohenstaufen, na Suábia) eram favoráveis ao poder imperial. Ver: **luta entre o sacerdócio e o império**.

GUERRAS DE RELIGIÃO – As oito guerras civis que, em França, opuseram os **católicos** e os **protestantes** (**calvinistas**, ditos **huguenotes**). Estas lutas fratricidas, que muitas vezes atingiram rara violência ("Michelade" de Nîmes, em 1567; Massacre de S. Bartolomeu, em 1572) terminou, graças ao **Edicto de Nantes** (1598), que instituiu oficialmente a paz e a tolerância religiosas.

HABEMUS PAPAM – A tradição manda que se liberte um fumo negro pela chaminé do local onde se realiza o **conclave**, enquanto não for tomada uma decisão. Quando o **papa** é eleito, os **cardeais** queimam os boletins de voto e o fumo torna-se branco: a multidão, assim avisada, fica a aguardar o anúncio oficial, que começa por *Habemus papam* "Temos um papa".

HÁBITO – do latim *habitus* "vestuário". O termo designa o hábito de um **frade**, genericamente. Ver: **batina, sotaina, despadrar-se**.

HAGIOGRAFIA – do grego *hagios* "santo" e *grapheín* "escrever". Relato da vida de um **santo**. O termo toma por vezes o sentido pejorativo de biografia embelezada. Ver: **bolandistas, lenda**.

HEBRAICO – Próprio da língua e da civilização dos **Hebreus**. Língua falada nas origens pelos Hebreus, que, no decorrer dos séculos, se tornou a língua sagrada da **Bíblia** e da religião **israelita**. Ver: **aramaico**.

HEBREUS – Povo eleito, cuja história nos é contada pela **Bíblia**. Ver **Israelitas, Judeus**.

HEREGE – Aquele que, no seio da **Igreja**, defende uma heresia, isto é, opta por uma **doutrina** contrária ao **dogma** oficial. No passado, os hereges, no final de um julgamento, eram vítimas de severas condenações. Ver: **auto-de-fé, excomunhão, Inquisição**.

HERESIA – do grego *haíresis* "opinião particular". Opção doutrinal, efectuada no seio da **Igreja**, contrária ao **dogma** oficial. Ver: **herege**.

HERESIARCA – O sufixo – *arca* deriva do grego *archein* "ordenar". Um heresiarca é o autor de uma heresia ou o chefe de fila de um movimento herético.

HERMENÊUTICA

HERMENÊUTICA – do grego *hermenêuein* "interpretar". Ciência que tem por objecto a interpretação da **Bíblia** e dos textos sagrados e, mais genericamente, dos sinais e dos símbolos. Ver: **exegese, glosa**.

HETERODOXO – do grego *héteros* "outro" e de *dóxa* "opinião". Que não está conforme à doutrina da **Igreja** (*uma tese heterodoxa*). Ver: **ortodoxo**.

HETIMASIA – do grego *hetoimasía* "preparação". Na tradição **ortodoxa**, à representação do **Juízo Final** (que ainda não chegou) prefere-se a hetimasía, a imagem de um trono vazio sobre o qual estão pousados **os instrumentos da Paixão**. É um sinal de preparação para a segunda vinda de **Cristo**.

HIERARQUIAS ANGÉLICAS – O escritor grego anónimo conhecido por Pseudo-Dionísio (séculos V-VI) distingue três hierarquias de **anjos**, repartidas cada uma em três coros: 1 / os **serafins**, os **querubins** e os tronos; 2 / as dominações, as virtudes e as potestades; 3 / os principados, os **arcanjos** e os **anjos**.

HIPERDULIA – o grego *duleia* "servidão" é precedido pelo prefixo *hyper-* para indicar o culto particular devido à **Virgem** Maria, culto superior à simples **dulia**, reservado aos **anjos** e aos **santos**. Ver: **latria**.

HIPÓSTASE – do grego *hypóstasis* "acção de se colocar debaixo". "Hipóstase" corresponde à "substância" (do latim *substare* "estar por debaixo") A **teologia** grega denomina hipóstase cada uma das três **Pessoas** da Santíssima **Trindade**, na medida em que cada uma delas é *substancialmente* diferente das outras duas. Há em Deus três hipóstases em uma única **natureza**; em Cristo, uma hipóstase em duas naturezas. Ver **união hipostática**.

HISSOPE – Pequena haste que tem na extremidade uma esfera oca e furada, com que o **oficiante** faz aspersões de **água benta** sobre os **fiéis**. Ver: *Asperges me*. Os próprios fiéis o utilizam para fazer o **sinal da cruz** sobre o caixão de um familiar ou de um amigo defunto. A expressão "a espada e o hissope" simboliza ironicamente os compromissos do poder **espiritual** da **Igreja** com o poder **temporal** (e, mais precisamente, militar). Ver: **teocracia**.

HOLOCAUSTO – do grego *holos* "todo" e do verbo *kaío* "queimar". No **Antigo Testamento**, **sacrifício** oferecido a Deus em que a vítima era totalmente queimada pelo fogo. A palavra foi escolhida pelos **Judeus** para designar o genocídio, a exterminação de que foram vítimas, por parte dos nazis. Holocausto é, nesse caso, sinónimo da palavra **hebraica** *choá*.

HUMERAL

HOMILIA – do grego *homilía* "conversação". Na origem, instrução familiar ministrada pelos **padres da Igreja** (*as homilias de S. João Crisóstomo*). Depois do Vaticano II, passou a dar-se este nome ao **sermão**. Ver: **liturgia da palavra, pregação, prédica**.

HONORÁRIOS DAS MISSAS – Uma **missa** pode ser rezada por uma determinada intenção. São os **fiéis** quem, mediante os honorários, "mandam rezar uma missa" por esta ou por aquela intenção (por um defunto, por um familiar...). Estes honorários são destinados parte à diocese, parte à paróquia e parte ao pároco. Ver: **dinheiro do culto, peditório**.

HORAS – As "horas" são as sete partes do **ofício divino**, cantadas pelos **monges** a diversas horas do dia e da noite. Na Idade Média, executaram-se magníficos "livros de horas" iluminados, contendo a música e os textos do ofício divino [o *Livro de Horas* da rainha Dona Leonor.] Ver: **antifonário**.

HOSPITALÁRIOS DE S. JOÃO DE JERUSALÉM – **Ordem** religiosa e militar fundada em Jerusalém em 1050, dedicada à protecção dos **peregrinos**. Em 1291, os Hospitalários tiveram que abandonar a **Terra Santa**. Em 1530, transformaram-se na Ordem de Malta.

HOSSANA – do hebraico *hoscha na* "Salva-nos, nós te suplicamos". Aclamação **israelita**, passou para **a liturgia cristã**: *Hosanna in excelsis...* "Hossana no mais alto dos céus". Ver: **aleluia**.

HÓSTIA – do latim *hostia* "vítima expiatória". Nome dado ao pão consagrado durante a **missa**. A hóstia é pão **ázimo** nas Igrejas latina, arménia e maronita: tem o aspecto de um pequeno disco branco. As igrejas **ortodoxas** consagram pão levedado. Ver: **cibório, píxide, comunhão, elevação, eucaristia, ostensório, patena, santíssimo sacramento**.

HUGUENOTE – Nome, originariamente pejorativo, dado pelos **católicos** aos **calvinistas**. Ver: **papista**. Mais genericamente, nome dado aos **protestantes** franceses durante as **guerras de religião**. A palavra deriva do alemão *eidgenossen* "confederados", que designava os calvinistas de Genebra, opostos ao duque de Sabóia.

HUMERAL – o humeral é uma larga *écharpe*, que cobre os ombros, os braços (daí o seu nome) e as mãos do **oficiante**, quando transporta as **alfaias sagradas** ou o **santíssimo sacramento**. Ver: **paramentos litúrgicos**.

IAVÉ – O mesmo que **Javé** ou **Jeová**

ICHTHYS – Transcrição latina do grego ΙΧΘΥΣ "peixe". O termo é formado pelas iniciais de *Iêsú CHristhós THeú Yiós Sôtêr* "Jesus Cristo, Filho de Deus, Salvador". Os primeiros **Cristãos** utilizavam o peixe como símbolo de **Cristo**. Ver: **cordeiro místico, pelicano, fénix.**

ÍCONE – do grego bizantino *eikón* "imagem". Imagem de **Cristo**, da **Virgem** ou dos **santos**, oferecida à **veneração** dos **fiéis**. Para os **ortodoxos**, um ícone não é apenas uma imagem: juntamente com as **Escrituras**, é um sinal visível da **revelação**; o ícone de Cristo, figurando a sua **hipóstase**, revela tanto a sua humanidade como a sua divindade. Assim se explicam os **ritos** que acompanham a confecção dos ícones e a veneração de que são objecto. Ver: **aquiropoético, iconostase, iconoclasmo.**

ICONOCLASMO – Atitude hostil ao **culto** dos **ícones**, equiparado à **idolatria**. Ver: **crise iconoclasta**

ICONOCLASTA – do grego bizantino *eikonoklastes*, formado a partir de *eikón* "imagem" e *klastes*, do verbo *kláein* "quebrar". Partidário da destruição dos **ícones**. Ver: **crise iconoclasta, iconoclasmo, iconodúlio.**

ICONODÚLIO – do grego *eikón* "imagem" e *duleia* "serviço". Nome dado aos opositores dos **iconoclastas**, que, no século VIII, foram apoiados pelo papa Gregório Magno, nas suas lutas a favor do culto prestado às imagens.

ICONOSTASE – do grego *eikón* "imagem" e *stasis* "acção de parar". Nas **igrejas ortodoxas**, espécie de grande biombo em forma de tríptico, coberto de ícones, que separa o **santuário**, onde o **padre** oficia, e a **nave**, onde estão os **fiéis**. A iconostase está coberta por um conjunto de ícones que traçam a história da **salvação**; nela estão abertas três portas; por cima da porta central, a Porta real, encontra-se a **deisis**. Ver: **ambão, balaustrada, jubeu.**

IDADE CANÓNICA

IDADE CANÓNICA – Idade a partir da qual uma mulher era autorizada pelo **direito canónico** a entrar ao serviço de um **clérigo**: para afastar qualquer suspeita, a criada de um **padre** devia ter pelo menos 40 anos de idade.

IDOLATRIA – do grego *eídolon* "imagem" e *latreúein* "adorar". Culto prestado a um **ídolo**; culto culpável aos olhos da **lei mosaica**.

ÍDOLO – do grego *eídolon* "imagem, simulacro". Representação material de uma divindade (pintura, estátua), que se adora por ela mesma, como se fosse uma divindade. Os **profetas** não deixaram de lutar contra o culto dos ídolos, a fim de obedecerem aos **mandamentos**, que proíbem qualquer imagem, segundo a vontade de **Javé**, Deus infinito e invisível. Ver: **ícone, iconoclasmo, idolatria, bezerro de ouro**.

*****IGREJA** – do latim *ecclésia* "assembleia". A palavra pode ser utilizada em vários sentidos: 1 / assembleia dos Cristãos em geral, incluindo as várias divisões em que se fraccionou a Igreja: a Igreja católica, a ortodoxa, a grega, a copta, etc.; 2 / a Igreja católica apostólica romana; 3 / o clero, as autoridades eclesiásticas; 4 / o edifício consagrado ao culto.

IGREJA TRIUNFANTE, MILITANTE E PURGANTE – A *Igreja triunfante* é formada pela assembleia dos eleitos; a *Igreja militante* pelo conjunto dos fiéis ainda nesta vida; a *Igreja purgante*, pelo conjunto dos fiéis que sofrem as penas do purgatório, no Além. Ver: **comunhão dos santos, paraíso, purgatório**.

*****IHS*** – Tem sido o cristograma principal na **Igreja**, desde o século XV. As três letras latinas *IHS*, formando o trigrama, têm sido interpretadas das mais diversas formas: para uns, seria a transliteração da primeira metade do nome de **Jesus** em grego (I H Σ); outros, baseados na lenda de Constantino, interpretam o trigrama de acordo com a frase *In Hoc Signo (vinces)* "Por este sinal (vencerás)"; finalmente, segundo a tradição ocidental, *IHS* significaria *Iesus Hominum Salvator* "Jesus Salvador dos Homens". S. Bernardino de Sena (1380-1444) popularizou este símbolo encimado por uma cruz e rodeado por um sol radiante. Ver: *alfa e ómega, khi-rho, ichthys, INRI*, **tetragrama**.

IMACULADA CONCEIÇÃO – Privilégio segundo o qual a **Virgem Maria** foi concebida sem o **pecado original** que pesa sobre todos os nascidos da semente de Adão. **Dogma** na **Igreja católica** desde 1845, a Imaculada Conceição foi tema de numerosos debates; é negada pelos **ortodoxos** e pelos **protestantes**. Ver: **culto mariano, imaculistas, maculistas**. A festa da Imaculada Conceição celebra-se a 8 de Dezembro.

IMACULISTAS – do latim *mácula* "mancha". Partidários da Imaculada Conceição. Segundo a sua tese, a Virgem foi preservada do **pecado original** desde o momento da *concepção*, em vista da **Encarnação**. A ideia deste privilégio, que faz de Nossa Senhora um ser à parte, foi combatida durante muito tempo. Na **Igreja católica** é **dogma**, promulgado *ex cathedra* por Pio IX, em 1854. Ver: **culto mariano, maculistas**.

IMAGEM – Ver: **ícone, iconoclasmo, ídolo**.

IMANENTE – do latim *in manére* "ficar, residir em". Que está contido num ser e que resulta da natureza desse ser. As doutrinas segundo as quais Deus seria imanente no mundo ou à história dos homens, relevam do **panteísmo**. O **cristianismo** afirma a **transcendência** de Deus criador, distinto da sua criação.

IMERSÃO – À semelhança do **baptismo de Cristo**, o **baptismo** era inicialmente praticado por imersão completa do **catecúmeno** na **água baptismal**. Ver: **baptistério**. No Ocidente, a imersão total foi substituída pela imersão parcial, em seguida pela **infusão**. As **Igrejas ortodoxas** mantiveram o uso do baptismo por imersão. Em casos especiais, há ainda o baptismo por aspersão; por exemplo, baptismo de grandes grupos.

IMITAÇÃO DE CRISTO – Obra de piedade, anónima, que conheceu grande difusão a partir do século XV, típica do movimento da *devotio moderna*, centrada na edificação pessoal e na **contemplação** da cruz

IMORTALIDADE DA ALMA – Para os **cristãos**, a **alma** sobrevive após a **morte**; é chamada a ser salva e a conhecer a **vida eterna**. Ver: **ressurreição dos corpos**.

ÍMPIO – Diz-se de alguém que não tem **religião**. Ver: **incrédulo, descrente, não-crente**. Diz-se também de uma pessoa ou de um acto que ofende a religião. Ver: **blasfémia, sacrilégio**.

IMPOSIÇÃO DAS MÃOS – Gesto ritual praticado por um **sacerdote** ou por um **bispo**, que consiste em estender as mãos sobre a cabeça de um **fiel** no momento de um **sacramento (confirmação, ordenação...)**. A imposição das mãos é praticada nos ambientes carismáticos. Ver: **renovamento carismático**.

IMPRIMATUR – Palavra latina que significa "pode imprimir-se"; aparece impressa na página de guarda dos livros que foram submetidos à autoridade religiosa e que, após exame, receberam oficialmente o seu aval. Ver: *index, nihil obstat*.

INCENSO – Substância resinosa que se queima no **turíbulo**, no decurso de certas cerimónias: o odor penetrante do fumo que se desprende é uma

INCRÉDULO

forma de homenagem a Deus. Ver: **turiferário, naveta**. O incenso é um dos três presentes oferecidos ao Menino Jesus pelos três reis **magos**, na **epifania**; simboliza a divindade de Cristo. Ver: **mirra, ouro**.

INCRÉDULO – Todo aquele que se recusa a acreditar em Deus. Ver: **agnóstico, ateu, descrente, não-crente.**

ÍNDEX – O *Index librorum prohibitorum* é a "Lista dos livros proibidos" aos **católicos**. Esta regulamentação das leituras aparece com o **concílio** de Trento (1559). A sua última edição data de 1938 (Pio XI) e a sua supressão definitiva ficou a dever-se a Paulo VI, em 1966. Por motivos morais ou doutrinais, tiveram uma ou várias obras no *Index*, entre outros: Bocácio, Calvino, Pascal, Rousseau, André Gide. [*Em português, há no Index 38 livros e opúsculos, entre os quais "Estudos sobre o casamento civil", de Alexandre Herculano.] Ver: *imprimatur, nihil obstat.*

INDULGÊNCIA – Remissão de penas temporais, correspondente a **pecados** perdoados, graças a **orações** e esmolas, operada pela **Igreja**. Esta prática transformou-se pouco a pouco num autêntico comércio, com o objectivo de encher os cofres **pontifícios**. Semelhante **simonia** foi violentamente denunciada por Lutero nas suas 95 "teses" que estiveram na origem da **Reforma** (1517). Ver: **luteranismo.**

INFALIBILIDADE – A infalibilidade pontifícia é a impossibilidade de o **papa** se enganar em matéria de **fé** e de moral, quando fala "*ex cathedra*". Esta doutrina foi definida no **concílio** Vaticano I (1870). Ver: *motu proprio*. O Vaticano II limitou-a (1965) em favor da colegialidade.

INFERNO(S) – do latim *infernus* "de baixo". Lugar onde os condenados, privados da visão de Deus, são castigados por toda a eternidade. Ver: **geena, paraíso, purgatório.**

INFIÉIS – do latim *infidelis*, derivado de *fides* "fé" e do prefixo negativo *in-*. Os que não acreditam na **fé cristã** (*pregar aos infiéis*). Ver **gentios, ímpio, incrédulo, descrente, pagãos.**

INFUSÃO – O **baptismo** por infusão faz-se derramando a **água baptismal** sobre a cabeça do **neófito**, por cima da **pia baptismal**. Ver: **baptistério, imersão.**

*INIMIGOS DA ALMA – Segundo a **tradição** cristã, os obstáculos que a **alma** encontra na sua caminhada para a eterna felicidade estão condensados nos três inimigos principais: o mundo, o demónio e a carne.

INQUISIÇÃO – do latim *inquisítio* "inquérito". Jurisdição instituída pela Igreja desde o século XII, para reprimir as **heresias**. Este tribunal, entregue aos **dominicanos** a partir do século XIII, mostrou-se de uma severidade implacável. A partir do século XV, extinguiu-se lentamente, excepto em Roma, onde tomou o nome de **Santo Ofício**, em Portugal e em Espanha, onde os reis católicos fizeram dela uma instituição de excepcional violência. Ver: **abjuração, anátema, apóstata, auto-de-fé, cruzada contra os Albigenses, excomunhão, interdição, marranos, relapsos, cristãos-novos, renegado, cismático.**

INRI – No cimo da **cruz**, Pôncio Pilatos, o governador romano, mandou pregar uma tabuleta com a inscrição "Jesus de Nazaré, Rei dos Judeus", escrita em hebraico, grego e latim. As iniciais *INRI* resumem o texto latino *Iesus Nazarenus Rex Iudaeorum*. Ver: **instrumentos da Paixão.**

*INSTITUTO DAS MISSÕES DA CONSOLATA – Congregação fundada em 1901, em Turim, dedicada à "propagação e conservação da **fé**, principalmente entre os não **cristãos**".

INSTRUÇÃO RELIGIOSA – Ver: **capelão, catequese, catecismo.**

INSTRUMENTOS DA PAIXÃO – Na piedade e na iconografia, a partir dos séculos XIV e XV, são evocados e figurados os diversos instrumentos que serviram para os suplícios de Cristo: a coluna, o azorrague, a cana, a **coroa de espinhos**, os pregos, a **cruz**, a tabuleta, a lança, a esponja... Ver: **calvário, via sacra, crucifixão, flagelação,** *INRI*, **Paixão.**

INTEGRISMO – Num primeiro sentido, oposição à **separação entre a Igreja e o Estado**. Genericamente, conservadorismo religioso militante. O integrismo **católico** opôs-se com vigor às reformas do Vaticano II.

INTELIGÍVEL – O mundo inteligível é o mundo que existe para além do mundo **sensível** e que só pode ser conhecido pela inteligência

INTERCESSÃO – do latim *intercédere* "pôr-se no meio". Um **fiel** pode rezar a favor de outro fiel: *intercede* por ele; um fiel pode igualmente dirigir-se a Deus por intercessão de **Nossa Senhora** ou de um **santo**.

INTERDIÇÃO – Sentença, colectiva ou individual, pronunciada pela **Igreja**. A interdição pode ser lançada sobre um país, uma cidade, uma comunidade, um **ministro** do **culto** ou um simples **fiel**. Os atingidos são excluídos de determinados sacramentos; não podem celebrar nem assistir aos ofícios. No entanto, a pregação continua autorizada. A interdição não exclui da comunidade religiosa. Ver: **anátema, excomunhão.**

INTRÓITO – do latim *introitus* "entrada". Canto que acompanha a entrada do **celebrante**, no início da **missa**.

IR A CANOSSA – Expressão que significa "humilhar-se diante do adversário". A frase refere-se ao episódio em que o imperador Henrique

IRENISMO

IV, em pleno Inverno, se ajoelhou em camisa diante do **papa** Gregório VII, para obter o seu **perdão** (1077). Ver: **questão das investiduras**.

IRENISMO – derivado de *eiréne* "paz". Atitude de mútua compreensão entre **cristãos** de **confissões** diferentes. Ver: **ecumenismo**.

*****IRMÃ** – Título dado habitualmente às **religiosas** (*irmã Maria do Divino Coração*).

*****IRMANDADE** – O mesmo que **confraria**.

IRMÃO LEIGO – Membro de uma comunidade religiosa que não é **padre**. Ver: **converso**.

*****IRMÃOS AUXILIARES** – Sinónimo de **irmãos leigos**.

*****IRMÃOS HOSPITALEIROS DE S. JOÃO DE DEUS** – Ordem religiosa fundada pelo português S. João de Deus (1495-1550), dedicada aos doentes, principalmente aos deficientes mentais e motores.

IRMÃOZINHOS DOS POBRES – Associação fundada em 1946, formada por jovens leigos que se dedicam aos idosos.

IRMÃZINHAS DOS POBRES – **Congregação** de **religiosas**, fundada em 1859, para prestar auxílio material e espiritual aos idosos sem recursos.

ISRAELITA – descendente de Jacob ou Israel. Pessoa que segue a **religião** judaica. Ver: **Hebreus, Judeus, tribos de Israel**.

JACOBINOS – Nome dado pelos Franceses aos **dominicanos**, em virtude do primeiro **convento** desta **ordem** em França ter sido instalado na rua de Saint-Jacques (*sanctus Jacobus*, em latim). Ver: **padres pregadores**.

*JACULATÓRIA – Breve oração ou simples aspiração piedosa, nas **novenas** e em outras devoções, dirigida a Deus, mesmo só mentalmente, para o honrar e lembrar a sua presença.

JANSENISTAS – Adeptos das doutrinas de Jansénio (1585-1638). Na tradição do **augustinismo**, o jansenismo nega o **livre arbítrio** e afirma a **predestinação da alma**: o homem só pode esperar a sua **salvação** vinda da acção sobrenatural da **Graça** divina. Combatido pelos jesuítas, o jansenismo foi condenado pelo **papa** Inocêncio X (1653). Pascal defendeu ardorosamente as ideias jansenistas nas suas *Provinciais* (1657). Port--Royal-des-Champs, foco do jansenismo em França, foi definitivamente destruído em 1712. Ver: **molinistas**.

JARDIM DAS OLIVEIRAS – Local próximo de Jerusalém, também chamado Getsemani, onde ocorreu a prisão de Jesus. Ver: **beijo de Judas**.

JAVÉ, IAVÉ ou JEOVÁ – Nome do Deus de Israel, revelado, segundo a Bíblia, a Moisés no monte Sinai. A forma *yahveh* é a 3ª pessoa do singular do presente ou do futuro; sem as vogais, que não são escritas, fica *yhwh*. Através deste nome misterioso, ligado à raiz semítica do verbo *haiah* "ser activo, estar presente", Deus disse: "Eu sou", "Eu sou aquele que sou", "Eu sou aquele que é". Ver: **YHWH, tetragrama**.

JEJUM – Privação voluntária de alimento, em determinadas alturas do **ano litúrgico**. O jejum era obrigatório na **Quarta-Feira de Cinzas**, na **Sexta-Feira Santa** e nas **vigílias** do **Dia de Todos os Santos** e do **Natal**. Ver: **jejum eucarístico, abstinência**.

JEJUM EUCARÍSTICO

JEJUM EUCARÍSTICO – Abstenção de qualquer alimento ou bebida depois da meia-noite que precedia a comunhão. Esta norma foi abolida após o concílio Vaticano II.

JEOVÁ – Outra forma de **Javé ou Iavé**. Ver: **Testemunhas de Jeová**.

JEREMIADAS – Termo da linguagem familiar, proveniente das *Lamentações* do **profeta** Jeremias.

JESUÍTAS – Nome atribuído aos membros da Companhia ou Sociedade de Jesus, fundada por S. Inácio de Loiola, em 1537. Os Jesuítas desempenharam um papel fundamental na época da **Contra-Reforma**. Foram pedagogos e **missionários** activos. No século XVII, fizeram frente aos **jansenistas** e aos **molinistas**. Depois de terem suscitado contra eles uma aversão generalizada, foram extintos em 1773, por Clemente XIV; mas restabelecidos por Pio VII em 1814. No século XX, os Jesuítas estiveram sempre presentes em todos os debates da sociedade. Devido à **casuística** a que recorriam, a palavra "jesuíta" tomou um sentido de "moralista complacente", e até de "hipócrita".

JOÂNICO – Adjectivo formado a partir de "João" (*Johannes*, em latim). "Joânico" remete para o autor do 4º **Evangelho**, de três **Epístolas** e do **Apocalipse** (*os escritos joânicos*).

JOAQUIMITAS – Adeptos das doutrinas **heréticas** de Joaquim de Flore (c. 1130-1202), que distinguiam a época do **Pai** e a época do **Filho** e que previam para o ano 1260 a vinda de uma 3ª época, a do **Espírito**, precedida por sinais apocalípticos. Estas teorias, que corriam nos meios **franciscanos "espirituais"**, suscitaram na Alemanha e na Itália grandes movimentos de **flagelantes** (1260-1262). Ver: **escatologia, milenarismo**.

JOIO – Erva daninha que nasce misturada com o trigo, utilizada como um símbolo por Jesus em diversas **parábolas**: "separar o trigo do joio" significa distinguir os bons dos maus, o **Bem** do **Mal**. Ver: **semeador, cizânia**.

JUBEU – Vedação monumental entre o **coro** e a **nave**, nas **igrejas** medievais. O jubeu distingue nitidamente dois espaços, o do **clero** oficiante e o da assembleia dos leigos, terminando no alto por uma galeria onde se cantava o *Jube, Domine, benedicere...* "Concedei-nos, Senhor, a vossa bênção..." que deu o nome à vedação. Ver: **ambão, balaustrada, iconostase**.

JUBILEU – do latim *jubilaeus*, derivado do hebraico *yobhel* "corneta para anunciar a festa". Em 1300, Bonifácio VIII instituiu o 1º jubileu para festejar o aniversário do nascimento de Cristo. A partir de então, de

JUSTOS

100 em 100 anos, mais tarde, de 25 em 25 anos, durante um ano santo, é concedida uma **indulgência** plenária aos **fiéis** que façam a **peregrinação** a Roma, visitando os **santuários** prescritos. O **papa** abre a porta santa das quatro **basílicas maiores.**

JUDEUS – Nome dado aos descendentes de Abraão, a partir do **exílio.** Ver: **circunciso, Hebreus, Israelitas.**

JUÍZO DE DEUS – Na Idade Média, o Juízo de Deus era um conjunto de provas a que era submetido um suspeito (ferro em brasa, água gelada, água a ferver...) para provar a sua inocência ou culpabilidade. Sinónimo: **ordálio.**

JUÍZO FINAL – No fim dos tempos, **Cristo** virá para julgar os vivos e os mortos, estabelecendo definitivamente o **Reino de Deus.** Ver **escatologia, parúsia, novíssimos.**

JUÍZO UNIVERSAL – Ver: **Juízo Final.**

JUSTIÇA – Uma das quatro **virtudes cardinais.**

JUSTIÇA DIVINA – A justiça divina não é igual à dos homens, como sugere **Cristo** através da **parábola** dos operários da 11ª hora, que receberam tanto como os da 1ª hora. Ver: **Graça, obras.**

JUSTIFICAÇÃO – Acto pelo qual Deus concede a **salvação** (admite uma **alma** entre os **Justos**). Ver: **Graça.**

JUSTOS – Na tradição bíblica, os Justos são os que põem escrupulosamente em prática as exigências da **Lei.** Ver: **fariseus.**

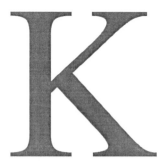

KHI-RHO – Monograma formado pelas duas primeiras letras da grafia grega do nome de **Cristo** (C e R; em grego X e P) tornou-se um emblema do triunfo do **cristianismo** sobre o paganismo, graças ao imperador Constantino, que o mandou desenhar no estandarte imperial (312). Já anteriormente tinha sido muito utilizado pelos primeiros **cristãos** como sinal de reconhecimento. Popularizou-se durante os séculos IV e V, foi gravado nas paredes das **catacumbas**, figurou em pinturas murais, pavimentos, lâmpadas, cálices, anéis, moedas e amuletos. Ver: *alfa e ómega, ichthys, IHS, INRI,* **tetragrama**.

KYRIE ELEISON – Adaptado do grego *kýrie eléeson* "Senhor, tem piedade". É por estas palavras que começa a tripla súplica penitencial, cantada ou recitada no início da **missa**.

LADAINHAS – do grego *litaínein* "suplicar, orar". Invocações sucessivas de **Cristo**, da **Virgem** e de um grande número de **santos** e **santas**, cantadas pelo **oficiante**, a que os **fiéis** respondem *Ora pro nobis* "Rogai por nós!"

LADAINHAS DE NOSSA SENHORA – As **ladainhas** de Nossa Senhora consistem numa enumeração de metáforas em honra da **Virgem** Maria, imagens de origem oriental, bíblica ou poética. Assim, a Virgem é chamada *Espelho de Justiça, Estrela da Manhã, Arca da Aliança, Torre de Marfim...*

LADRÕES – do latim *latro (latrónis)* "ladrão". Ao mesmo tempo que Jesus, foram crucificados dois malfeitores. Um deles insultava Cristo; o outro, arrependido, recebeu de **Cristo** a promessa do **paraíso**. Os **evangelhos apócrifos** deram ao *mau ladrão* o nome de Gestas, e o de Dimas ao *bom ladrão*. Ver: **crucificação**.

LAETARE – Nome dado ao 4º domingo da **Quaresma**, devido à primeira palavra do **Intróito**: *Laetare...* "Alegra-te...". Ver: ***quasimodo***.

LAICADO – Significa o conjunto dos **leigos** em contraste com o clero.

LAICISMO – Tendência para restringir a acção da **Igreja** nos assuntos da sociedade civil, e até em questões que a Igreja considera como só pertencentes ao foro **eclesiástico**: na esfera da educação, por exemplo, tendência a subtrair esta à acção da Igreja, suprimindo o ensino **religioso** nas escolas oficiais e até não admitindo a existência de escolas particulares **confessionais**.

*****LAICO** – Que não é nem eclesiástico nem religioso, daí o laicismo ideológico e secularista.

LATIM – Até ao **concílio** Vaticano II, o latim era a língua **litúrgica** de toda a **Igreja católica**: a reforma de 1969 permitiu a utilização das diversas línguas vivas locais, para a **celebração** da **missa**, por exemplo. Ver: ***aggiornamento***.

LATRIA

LATRIA – O culto de latria é a forma mais elevada de **adoração,** prestada apenas a Deus. Ver: **dulia, hiperdulia, veneração.**

LAUDES – do latim *laus (laudis)* "louvor". As Laudes são a 2ª hora do **Ofício divino,** cantadas pelos **frades** ao nascer do dia. Confundem-se com a "Prima", o ofício da 1ª hora da manhã.

LAVABO – Durante o **ofertório** da **missa,** 1ª palavra que o padre pronuncia no momento de lavar as mãos: *Lavabo...* "Lavarei..." Ver: **manustérgio.**

LAVA-PÉS – Durante a **ceia,** Jesus teve uma atitude de humilde servo dos seus **discípulos,** lavando-lhes os pés. Ver: **Quinta-Feira Santa, mandato.**

LAZARISTAS – Congregação de missionários [de S. Lázaro], fundada por S. Vicente de Paulo em 1625, dedicada ao **apostolado** popular. O nome veio-lhes do facto de se terem instalado em Saint-Lazare, em Paris.

LEÃO – Ver: **tetramorfo.**

LEGENDA – do latim *legenda* "o que deve ser lido". Narrativa da vida de um **santo,** lida no **ofício de matinas.** [* Também era lida no refeitório, durante a refeição.] Ver: **hagiografia, lenda dourada.**

LEI – No sentido estrito, significa os cinco primeiros **livros** do **Antigo Testamento,** o **Pentateuco.** A expressão "a Lei e os profetas" designa, pois, o conjunto dos deveres e das prescrições de que o Antigo Testamento dá conta. A **tradição cristã,** à época da Lei faz seguir-se a época da **Graça,** inaugurada com a vinda do **Filho** de Deus: **Cristo** não veio para abolir a Lei, mas para aperfeiçoá-la. Ver *Ante legem, sub lege, sub gratia,* **mandamentos, decálogo.**

LEIGO – Um **baptizado** que não faz parte do **clero**: no povo cristão distinguem-se habitualmente **clérigos** e **leigos.** Actualmente, no seio da **Igreja,** os leigos são chamados a assumir cada vez mais certas responsabilidades. O adjectivo laico, fora da linguagem da Igreja, pode significar "independente de qualquer religião" *(Estado laico, leis laicas, escola laica).* Ver: **anticlerical, profano, secular, ministro extraordinário da comunhão.**

LENDA DOURADA – A *Legenda aurea,* escrita por volta de 1260 pelo dominicano italiano Giacomo de Voragine, tem o aspecto de um "almanaque litúrgico", onde se sucedem as vidas dos **santos** e considerações sobre as grandes festividades. Fruto de uma compilação de narrativas muitas vezes lendárias, o livro conheceu enorme êxito e influenciou grandemente a iconografia. Ver: **hagiografia, apócrifos, bolandistas.**

LITURGIA – do grego *leiturgía* "serviço do culto". Conjunto do **culto** público prestado a Deus pela **Igreja**. Ver: **rito, ritual**.

LITURGIA DA PALAVRA – 2ª parte da **missa**. Consta de uma 1ª leitura (do **Antigo Testamento**); de uma 2ª leitura (das **Epístolas**); de uma leitura do **Evangelho**, da **homilia**, do *Credo* e da **oração universal**.

LITURGIA EUCARÍSTICA – 3ª parte da **missa**. Inclui o **ofertório** (oblação e *Lavabo*); oração eucarística (prefácio, *Sanctus*, consagração, elevação, anamnese, doxologia).

LIVRE ARBÍTRIO – Possibilidade deixada ao homem de escolher entre o **Bem** e o **Mal** e de atrair sobre si a **Graça** divina pela oração e pelos actos. Ver: **pecado original, predestinação**. A noção de livre arbítrio esteve no centro de violentas controvérsias. Ver: **augustinismo, calvinismo, jansenistas, jesuítas, luteranismo, molinistas, pelagianismo**.

LIVRO DE HORAS – Ver: **horas**.

LIVROS DA BÍBLIA – A Bíblia está dividida em livros. O **Antigo Testamento católico e ortodoxo** consta de 46 livros; o Antigo Testamento **protestante** só reconhece os 39 livros da Bíblia **hebraica**. Ver: **deutero-canónico**. O **Novo Testamento** consta de 27 livros.

LIVROS DEUTERO-CANÓNICOS – Ver: **deutero-canónicos**.

***LOCUTÓRIO** – Grade através da qual as **freiras de clausura** falavam às pessoas que as procuravam. Ver: **freira, claustro**.

LOGOS – palavra grega, que se traduz por "palavra de Deus" ou "Verbo". Utiliza-se para designar a 2ª **Pessoa** da Santíssima **Trindade**, o **Filho** de Deus. Ver: **Encarnação**.

LÚCIFER – do latim *lux (lucis)* "luz" e do verbo *ferre* "transportar". Nome dado ao **diabo**, anjo caído. Ver: **demónio, maligno, Satã, serpente**.

LUGARES SANTOS – Na Palestina, os lugares onde **Cristo** viveu a sua vida terrestre, essencialmente as três cidades santas: Belém, Nazaré e Jerusalém, visitadas pelos **peregrinos**. Ver: **cruzadas, Terra Santa, Santo Sepulcro**.

LUTA ENTRE O SACERDÓCIO E O IMPÉRIO – Conflito que opôs **papas** e imperadores, que tinham as mesmas pretensões territoriais e **espirituais**. A luta começou com Alexandre III e Frederico I, Barba-Roxa, no século XII. No século seguinte, a crise atingiu o paroxismo, com Frederico II, neto de Barba-Roxa, e Gregório IX. Ver: **cesaropapismo, guelfos e gibelinos, questão das investiduras, teocracia**.

LUTERANISMO

LUTERANISMO – Doutrina do reformador alemão Martinho Lutero (1483-1556) caracterizada por: 1/ um **culto** reservado unicamente a Deus; 2/ o reconhecimento da **Bíblia** como única autoridade em matéria de **fé**; 3/ a doutrina segundo a qual o homem só pode ser libertado do **pecado** pela Fé e pela **Graça**; 4/ aceitação de dois sacramentos, o **baptismo** e a **eucaristia** (doutrina da **consubstanciação**); 5/ regresso à simplicidade da **Igreja** primitiva (põe em causa a hierarquia **eclesiástica** e as **ordens** religiosas). Ver: **calvinismo, indulgências, Reforma.**

MAÇÃ DE ADÃO – A lenda que apresenta o fruto proibido do **Éden** como sendo uma maçã, deriva da confusão entre dois homónimos latinos, *malum* "maçã" e *malum* "o mal, o pecado": o *pecado original* consistiu em comer o fruto da **árvore do conhecimento do Bem e do Mal** e não o fruto da macieira. Ver: **paraíso terreal.**

MACULISTAS – do latim *mácula* "mancha". Nome dado aos opositores da **Imaculada Conceição**. Segundo a sua tese, a **Virgem** Maria foi necessariamente concebida em **pecado original**: ser humano na totalidade, foi a primeira a ser salva ao pronunciar o seu *Fiat,* foi purificada do pecado herdado de Adão, tornando-se a primeira **Igreja**. Ver: **culto mariano, imaculistas.**

MADONA – do italiano *madonna* "minha senhora". Nome dado à **Virgem** Maria. Utiliza-se esta palavra principalmente para indicar os quadros dos pintores italianos que representam a Virgem (*uma madona de Botticelli*).

MADRE – Nome dado à superiora de um **mosteiro** ou de um **convento** (*a madre abadessa, a madre Teresa de Calcutá*). Ver: **abadessa, prioresa.**

MADRINHA – do latim popular *matrina* "derivado de *mater* "mãe". Quando uma criança é baptizada, há um **padrinho** e uma madrinha que se comprometem a dar-lhe assistência na sua vida de **cristão**. Esta criança, que o padrinho e a madrinha seguram sobre a **fonte baptismal**, será o seu **afilhado** ou **afilhada**. Ver: **baptismo, comadre, compadre.**

MÃE DE DEUS – Embora teologicamente incorrecto, nome que habitualmente se dá à Virgem Maria, pelo facto de ser mãe do Filho de Deus feito homem. Ver: **theótokos.**

MAESTÀ – Palavra italiana. Representação da Virgem com o Menino, em atitude majestosa, num trono dourado, rodeada de **anjos** e de **santos** (*a maestà de Duccio*).

MAGNIFICAT

MAGNIFICAT – Na altura da **Visitação**, Maria exclamou: *Magnificat anima mea Dominum...* "A minha alma exalta o Senhor..." Este cântico da **Virgem,** cantado nas **Vésperas,** inspirou numerosos músicos *(o Magnificat de Bach).*

MAGOS – Astrónomos vindos do Oriente para adorar o Menino Jesus em Belém, oferecendo-lhe **ouro, incenso** e **mirra.** A tradição especificou o seu número, deu-lhes nomes e fez deles reis: Gaspar, Baltazar e Melchior, que simbolizam as três partes do mundo (Ásia, África e Europa), e as três idades da vida (juventude, maturidade e velhice). Ver: **epifania, matança dos inocentes.**

MAL – O mal existe de cada vez que há ruptura da **Aliança** com Deus. Ver: **bem, pecado, vícios.**

MALIGNO – do latim *malignus* "malvado". Nome atribuído ao **diabo**.

MANÁ – Segundo o **Êxodo,** alimento milagroso enviado por Deus aos **Hebreus,** quando se encontravam no **deserto,** em marcha para a Terra Prometida. Para os **cristãos,** o maná prefigura o alimento eucarístico.

MANDAMENTOS – No Monte Sinai, Moisés recebeu as **Tábuas da Lei,** nas quais estavam gravados os Dez Mandamentos (o **Decálogo**). Os quatro primeiros dizem respeito às obrigações do homem para com Deus; os restantes seis dizem respeito às relações dos homens entre si. [*1º Adorar a Deus e amá-Lo sobre todas as coisas; 2º Não invocar o santo Nome de Deus em vão; 3º Santificar os domingos e festas de guarda; 4º Honrar pai e mãe; 5º Não matar; 6º Guardar castidade nas palavras e nas obras; 7º Não furtar; 8º Não levantar falsos testemunhos; 9º Guardar castidade nos pensamentos e nos desejos; 10º Não cobiçar as coisas alheias.] Ver: **Arca da Aliança**

*****MANDATO** – O mesmo que **lava-pés.** Ver: **Quinta-Feira Santa.**

MANDORLA – do italiano *mandorla* "amêndoa". A Santíssima **Trindade, Jesus** e **Nossa Senhora** são às vezes representados com uma **auréola** especial: luz emanando de todo o corpo, cercada por uma bordadura oval, em forma de amêndoa.

MANÍPULO – do latim *máppula* "toalhete". Tira de tecido bordado, que o oficiante usa preso no antebraço esquerdo durante as cerimónias litúrgicas. Ver: **paramentos litúrgicos.**

MANIQUEÍSMO – Doutrina do persa Mani (século III), professando a coexistência e a luta eterna de dois princípios divinos: um bom e um mau. Para se libertar da terra e do **corpo,** império do **Mal,** e ter acesso ao verdadeiro conhecimento, o homem deve praticar a **oração** e o **jejum**.

MATANÇA DOS INOCENTES

Os maniqueus, considerados **hereges**, negavam a **Encarnação** e rejeitavam os **sacramentos**. Ver: **Albigenses, cátaros, dualismo, Valdenses.**

MANUSCRITOS DO MAR MORTO – Manuscritos remontando a um período que vai do século II a. C. ao século I da nossa era, redigidos em **hebraico** ou em **aramaico**, descobertos em Qumrân entre 1946 e 1956. Estes textos (cerca de 600) comportam textos bíblicos e **apócrifos judaicos**, bem como outros escritos próprios da seita dos **essénios**, cuja influência sobre o **cristianismo** nascente foi muito forte.

MANUSTÉRGIO – do latim *manus* "mão" e *tergere* "enxugar". Toalha de que o **sacerdote** se serve para enxugar as mãos na altura do *Lavabo*, na missa. Ver: **panos sagrados.**

MARIOLATRIA – Do nome de Maria e do verbo grego *latreuein* "adorar". Termo pejorativo, denunciando um culto abusivo prestado à **Virgem** Maria e qualquer atitude que consista em reconhecer a Maria uma divindade que lhe é própria. Ver: **culto mariano, hiperdulia.**

MARISTAS – **Padres** ou **irmãos** da "Sociedade de Maria", fundada em 1816, dedicados à educação dos jovens e às missões.

MARONITAS – Do nome do **anacoreta** S. Maron (m. *c.* 410). **Cristãos** da Síria e do Líbano, unidos a Roma a partir do século XII (Ver: **uniatas**), mas que conservaram os seus costumes e a sua **liturgia** nas línguas siríaca e arábica.

MARRANOS – do castelhano *marrano* "porco". Nome injurioso dado a Judeus e Mouros, talvez por não comerem carne de porco. **Judeus** da Espanha e de Portugal, que foram obrigados a converter-se, mas que, secretamente, continuaram fiéis à sua religião. Foram perseguidos e condenados como **hereges** pela **Inquisição** (séculos XIV a XVIII). Ver: **anti-semitismo, conversos, nicodemismo, cristãos-novos.**

MÁRTIR – do grego *mártyr* "testemunha". Cristão que, na época das perseguições romanas (de Nero a Diocleciano), se recusava a renegar a sua **fé**, dando dela testemunho até à morte. Ver: **martirológio, palma, confesso.**

MARTÍRIO – Sofrimentos e morte padecidos por um **mártir** em nome da sua **fé** (*o martírio de S. Sebastião; a palma do martírio*).

MARTIROLÓGIO – Catálogo oficial dos **mártires.** Ver: **Cânon dos santos.**

MATANÇA DOS INOCENTES – Episódio evangélico contemporâneo do nascimento de Jesus. O rei Herodes, furioso por ter sido enganado pelos **magos**, que deviam informá-lo onde se encontrava o futuro "rei dos Judeus", mandou matar todas as crianças com a idade de Jesus. José

MATINAS

e Maria, avisados pelos magos, tinham já fugido com o Menino. Ver: **fuga para o Egipto**.

MATINAS – do latim *(vigiliae) matutinae* "vigílias matinais". As matinas são a 1ª **hora** do **ofício divino**, cantada pelos **frades** entre a meia-noite e a alvorada.

*****MATRACAS** – ou matráculas: instrumento litúrgico, de madeira com argolas de ferro ou pequenas tábuas movediças, que se utiliza nos três últimos dias da **Semana Santa** para chamar os **fiéis** e dar os sinais nas funções litúrgicas, visto não se tocarem os **sinos** nem as campainhas durante esses dias.

MATRIMÓNIO – Sacramento pelo qual os esposos se unem perante Deus. Para a Igreja católica, o casamento é indissolúvel.

*****MATRIZ** – Designação atribuída a uma **igreja** que tem jurisdição ou superioridade em relação a outras igrejas e **capelas** de uma **paróquia**.

MEA CULPA – Ao repetir estas palavras do *Confiteor*, o penitente bate três vezes no peito, em sinal de **contrição**. "Por minha culpa..." Ver: **penitência**.

MEMENTO – Oração durante a **missa**, que começa pela palavra *Memento...* "Lembrai-vos..." (*Memento dos defuntos; memento dos vivos*).

MENDICANTES – Ver: **ordens mendicantes**.

MENINO DE CORO – Os meninos de **coro** ajudam à **missa**; incensam, transportam a **cruz**, o **turíbulo** e as **velas**; assistem o **celebrante**, por exemplo, apresentando-lhe as **galhetas** e o **manustérgio** na altura do *Lavabo*. Actualmente, vestem uma alva branca. Ver: **acólito, ajudante, turiferário**.

MENINO JESUS – Jesus Cristo quando criança. Figura esculpida ou pintada, representando o Menino Deus.

MENORES – Ver: **frades menores,** *OFM***, ordens menores**.

MESA DA COMUNHÃO – Antes das reformas litúrgicas do Vaticano II (Ver: *aggiornamento*), a entrada do santuário das **igrejas católicas** era marcada por uma vedação baixa, **a balaustrada**, diante da qual se ajoelhavam os fiéis para receberem a **comunhão**. Esta barreira foi frequentemente suprimida, de forma a abrir o **coro**. Ver: **Ceia**.

MESSIÂNICO – Relativo ao **Messias** (*esperança messiânica*).

MESSIAS – do hebraico *mâschiah* "ungido". No **Antigo Testamento**, receberam a **unção** real Saul, David e Salomão. Após o **exílio**, afirmou--se cada vez com maior intensidade a espera de um Messias capaz de restaurar o reino de Israel. Para os **cristãos, Cristo** é verdadeiramente o Messias anunciado pelos **profetas,** que veio para salvar a humanidade.

METAFÍSICA – do grego *metá tá physiká* "que vem após a física", definição atribuída às obras de Aristóteles escritas após os livros da *Física*. O problema da *existência* de Deus, bem como o do sentido da *existência* humana relevam da metafísica.

METODISTAS – do grego *méthodos* "procura". Movimento reformador nascido no seio do **anglicanismo** em 1729.

METROPOLITA – do grego *méter* "mãe" e de *pólis* "cidade". Título dado nas **Igrejas ortodoxas** aos **arcebispos** que residem nas *metrópoles* das **dioceses.** Ver: **patriarca.**

MILAGRES – do latim *miráculum* "prodígio", derivado de *mirari* "admirar-se". Durante a sua **vida pública, Cristo** realizou diversos milagres: **multiplicação dos pães,** curas de um cego, de um leproso, de um paralítico; tempestade acalmada; ressurreição da filha de Jairo, de Lázaro... Para além dos sofrimentos aliviados, os milagres de Jesus trazem a **salvação**; valeram-lhe a simpatia das multidões, mas também as suspeitas das autoridades religiosas. Ver: **taumaturgo.**

MILENARISMO – Doutrina segundo a qual o Messias deve voltar à Terra para aí reinar durante mil anos (um *milénio*), antes do **Juízo Final.** Este novo reinado terrestre de Cristo deve ser anunciado pelo reinado do **Anticristo.** Ver: **joaquimitas.**

MINISTÉRIO – do latim *minister* "servidor". Missão espiritual exercida por um **sacerdote.** Igualmente, a missão específica de cada **fiel** (*o ministério dos leigos*). Ver: **ministro de Deus, sacerdócio.**

MINISTRO – do latim *ministerium* "serviço". Os **sacerdotes** e toda a hierarquia **eclesiástica** são os ministros do **culto,** os ministros de Deus.

*MINISTROS EXTRAORDINÁRIOS DA COMUNHÃO (MEC) – **Leigos** escolhidos para distribuir a **comunhão** durante a celebração da **eucaristia** e também para a levarem a doentes e idosos às residências, hospitais e instituições de solidariedade. É o **pároco** quem convida os leigos para esse serviço. Após a sua nomeação, são investidos pelo **bispo,** depois de participarem num curso de preparação organizado pela **diocese.** Ver: **eucaristia, leigo, diácono.**

MIRRA – Resina aromática utilizada no Oriente para embalsamar os corpos. A mirra foi um dos três presentes oferecido ao Menino Jesus pelos três **magos,** simboliza a humanidade de Cristo. Ver: **incenso, ouro.**

MISERERE

MISERERE – "Tende piedade". É por este imperativo que começa o texto latino do **salmo** que o rei David dirigiu a Deus, depois de o profeta Natan o ter censurado pela sua aventura com Betsabé. Ver: *De profundis*.

MISERICÓRDIA – Formado a partir de *miseria* "miséria" e de *cor (cordis)* "coração". A misericórdia é o facto de ser sensível à desgraça dos outros. À ideia de compaixão e de caridade, acrescenta-se a ideia de perdão e de mansidão (*a misericórdia divina*). Ver: **absolvição, amor, obras de misericórdia.** A palavra possui ainda um sentido derivado mais prosaico: quando se levanta o assento de aba de uma cadeira do coro, aparece um apoio em madeira, o que permite ao **religioso** continuar sentado, dando a ideia de que está de pé. A esta pequena consola chama--se "misericórdia" ou "paciência". [*Em outra acepção ainda, é o nome que se dava aos hospitais na Idade Média. Os hospitais da Misericórdia tinham uma vocação ao mesmo tempo religiosa e médica: ali se tratava do corpo e da alma.]

MISSA – Nas **Igrejas católica e ortodoxa**, nome que se dá à celebração da **eucaristia**. A missa desenrola-se segundo o **rito** prescrito (*Ordo Missae*) e pelo ministério de um **sacerdote**. Desde 1969, o desenrolar da missa na Igreja católica é como segue: 1/. **rito de abertura;** 2/. **liturgia da Palavra;** 3/. **liturgia eucarística;** 4/. **rito da comunhão** e de conclusão. É ao rito de conclusão (na sua forma antiga) que ficou a dever--se o termo "missa": o padre dizia *Ite, missa est!* "Ide, a missa terminou"; *missa* foi pouco a pouco entendido como o próprio nome da cerimónia: "Ide, a missa acabou". Ver: **comunhão, presença real.**

*****MISSA CAMPAL** – Missa rezada em altar armado ao ar livre.

MISSA DA MEIA-NOITE – **Missa** celebrada na noite de **Natal**. É uma das três **missas rezadas** da **Natividade**: missa da meia-noite, missa da aurora e missa do dia. Ver: **vigília pascal.**

*****MISSA DO GALO** – Ver: **missa da meia-noite.**

MISSA NEGRA – Paródia da **missa**, com carácter **sacrílego**.

*****MISSA NOVA** – A primeira missa celebrada por um padre católico, após a sua ordenação sacerdotal.

*****MISSA DE REQUIEM** – Missa celebrada pelos defuntos ou para encomendar a alma de uma pessoa que morreu. Também se diz missa das almas, missa de finados ou missa de defuntos.

MISSA REZADA – **Missa** não cantada, em que o **oficiante** reza as **orações**. Ver: **missa solene, missa da meia-Noite.** Também se designa por missa baixa ou missa calada.

MISSA SOLENE – Missa cantada, com acompanhamento de sacerdotes, acólitos, música e canto no coro. Ver: **missa rezada**.

MISSAL – do latim *(liber) missalis,* "livro da missa". Livro que contém todas as **orações** e leituras que permitem celebrar ou acompanhar a **missa** todos os dias do **ano litúrgico**. Ver: **breviário, evangeliário**.

MISSIONÁRIOS – Para todo o mundo foram enviados **religiosos** em *missione* para anunciar o **Evangelho** aos povos não cristianizados. As missões acompanharam os movimentos das descobertas e da colonização lançados pelo Ocidente (séculos XVI a XX); desempenharam e continuam a desempenhar um importante papel humanitário.

MISTÉRIO – do grego *mystês* "iniciado". O que é revelado por Deus, mantendo-se inacessível à razão humana: os mistérios da **Trindade,** da **Encarnação,** da **Redenção**... A palavra "mistério" (com minúscula) designa as representações teatrais da Idade Média, com carácter religioso, que se representavam no **adro** das **catedrais**: uma confusão entre *mysterium* e *ministerium* "serviço religioso" esteve na origem deste segundo sentido. Ver: **momos**.

MISTICISMO – Disposição de espírito, que arrasta a comunicar intimamente com Deus. Ver: **contemplação, êxtase, visão**.

MÍSTICO – do grego *mystikós* "relacionado com os mistérios". Relativo aos Mistérios (*um símbolo místico*) ou impregnado de misticismo (*S. João da Cruz, místico espanhol*). Ver: **Cordeiro Místico, Corpo Místico de Cristo, rosa mística**.

MOLINISTAS – Partidários das teses do jesuíta Luis Molina (1535--1601), que procurou conciliar a liberdade humana com a acção da **Graça** de Deus. Segundo esta doutrina, prevendo os méritos do homem, Deus dá uma *Graça suficiente*, indispensável para fazer o bem. Dispondo de **livre arbítrio**, o homem pode fazer com que esta *Graça suficiente* se transforme ou não em *Graça eficaz*. O molinismo foi combatido pelos **dominicanos** e pelos **jansenistas**. Ver: **augustinismo, pelagianismo, predestinação**.

MOMOS – Na Idade Média, com o objectivo de edificar os **fiéis**, apresentavam-se no **adro** das **igrejas** representações teatrais chamadas "mistérios". Estes dramas de carácter religioso evoluíram, principalmente durante o **carnaval**, para espectáculos mais burlescos, chamados momos. Os momos e, genericamente, os mistérios foram suprimidos na altura da **Contra-Reforma**.

MONAQUISMO – do latim *mónachus* "monge". Estado de **monge**.

MONGE

MONGE – do grego *mónos* "só". **Religioso** de clausura que vive isolado do **mundo** num **mosteiro**, a fim de consagrar a sua vida a Deus. Ver: **anacoreta, cenobita, clausura, ermita, frade, ofício divino.**

MONJA – Religiosa de clausura que vive isolada do **mundo** num **mosteiro**, a fim de consagrar a sua vida a Deus. Ver: **clausura, freira, ofício divino, irmã.**

MONOFISISMO – do grego *mónos* "só" e *physis* "natureza". Doutrina professada por Eutiques (século V), que nega a presença em Cristo encarnado das duas naturezas, humana e divina, afirmando a existência apenas da natureza divina. Os monofisitas foram condenados no **concílio** de Calcedónia (451), que distingue as duas naturezas na única **Pessoa** de Cristo. Ver: **cristologia, nestorianismo.**

MONOTEÍSMO – do grego *mónos* "só" e *theós* "Deus". Religião que reconhece e professa a existência de um só Deus. O judaísmo, o **cristianismo** e o islamismo são as três grandes religiões monoteístas. Ver: **panteísmo, politeísmo.**

MONOTELISMO – do grego *mónos* "só" e de *télos* "vontade". Doutrina segundo a qual só existe em **Cristo** uma única vontade, a vontade divina. O monotelismo foi condenado pelo 3º concílio de Constantinopla (681). Ver: **monofisismo, natureza, nestorianismo, pessoa.**

MONSENHOR – Título dado aos **bispos**, aos **arcebispos** e aos **cardeais** (*Monsenhor Helder Câmara*). Em abreviatura, Mons. Ver: **abade, dom, eminência, excelência, padre, reverendo, santidade.**

*****MONTANISMO** – Movimento herético do século II, que afirmava que **Cristo** regressaria em breve; também conhecido como Nova Profecia.

MÓRMON – Mórmon é o nome de um alegado **profeta**, referido por Joseph Smith, fundador, em 1830 nos Estados Unidos, da "Igreja de Jesus Cristo dos Santos dos Últimos Dias", cujos membros são conhecidos por mórmones.

MORTE – Para os **cristãos**, a morte é apenas o fim da existência terrestre. A **Ressurreição de Cristo** é uma vitória sobre a morte, partilhada com toda a humanidade chamada à **vida eterna**.

MORTIFICAÇÃO – do latim *mortificare* "fazer morrer". Infligir sofrimentos a si próprio, para se castigar pelo **pecado** e prevenir a **tentação**. Ver: **cilício, disciplinas, expiação, flagelantes.**

MOSAICO – adjectivo formado sobre a palavra Moisés (*a lei mosaica*).

MOSTEIRO – Estabelecimento onde vivem, isolados do **mundo**, **monges** ou **monjas**: a raiz grega *mónos* significa "só". Ver: **abadia, claustro, convento, priorado.**

MOTU PROPRIO – Acto do papa, promulgado "pela sua própria autoridade". Foi por um *motu proprio* que, em 1982, João Paulo II declarou bem-aventurado o pintor dominicano Fra Angelico. Ver: **bula, encíclica,** *ex cathedra,* **decreta.**

MOURISCOS OU MORISCOS – Muçulmanos convertidos à força pelos Espanhóis, no final da reconquista (1492). Ver: **conversos, marranos, cristãos-novos, nicodemismo.**

MULHER ADÚLTERA – Aos escribas e **fariseus** que, segundo a **Lei**, queriam lapidar uma mulher culpada de adultério, Jesus pediu que lançasse a primeira pedra quem nunca tivesse pecado. A mulher salvou-se e recebeu o **perdão de Cristo**.

*****MULHER DA VERÓNICA** – Uma das três mulheres que, nas **procissões** do enterro de **Cristo**, vão entoando os *Heus!*, a qual, a espaços, sobe a um estrado e mostra ao povo a **verónica** sagrada, cantando o versículo *O vos omnes qui transitis per viam...* "Ó vós todos que passais ...". Ver: **verónica, boa mulher.**

MULTIPLICAÇÃO DOS PÃES – Milagre de **Cristo**, que, a partir de cinco pães e dois peixes, alimentou as cinco mil pessoas que tinham vindo ao **deserto** para o ouvirem. Para os **exegetas**, este episódio é uma prefiguração da **Ceia**.

MUNDO – do latim *mundus* "universo". O conjunto da **criação**. A palavra tem também um sentido mais restrito: significa "a vida profana" (oposto à vida religiosa) Aquele ou aquela que escolhe a vida monástica, "renuncia ao mundo". Ver: **século.**

NÃO-CRENTE – Pessoa que não pertence a nenhuma **religião**. Ver: **agnóstico, ateu, incrédulo.**

NÁRTEX – do grego *narthex* "caixinha". Vestíbulo coberto, que precede a entrada de certas igrejas **paleocristãs** ou românicas. Este local, por vezes incluindo uma tribuna, estava reservado aos **catecúmenos.**

NATAL – do latim *natalis dies* "dia do nascimento". Festa que se celebra a 25 de Dezembro, comemorando o *nascimento* de Cristo e glorificando o **mistério da Encarnação**. Ver: **presépio, missa do Galo, Natividade.**

NATIVIDADE – do latim *nativitas* "nascimento". A palavra utilizada sozinha significa **Natal**, o nascimento de Cristo. Também se diz "*natividade da Virgem*", "*natividade de S. João Baptista*", para indicar as festas em que se comemora o nascimento de Maria e o do **precursor.**

NATUREZA – A natureza divina e a natureza humana de **Cristo** estão unidas numa só **Pessoa**, a do **Filho** único de Deus, na qual não se confundem nem se separam, como foi definido pelos **concílios** de Éfeso (431) e de Calcedónia (451). Ver: **hipóstase, monofisimo, monotelismo, nestorianismo.**

NAVE – do latim *navis* "navio". É a parte da **igreja** que se assemelha a um *navio* voltado ao contrário e que vai desde a fachada até ao **cruzeiro do transepto.**

NAVES LATERAIS – **Naves** situadas de um e de outro lado da nave central ou principal. Ver: **ambulatório.**

*****NAVETA** – do latim *navis* "barco". Pequeno vaso de metal em forma de navio, a condizer com o turíbulo, onde se guarda o **incenso** que se lança no **turíbulo** com uma colherinha. Ver: **turíbulo, turiferário.**

NAZARENO – Nome dado a Jesus, por ter vivido em Nazaré. Nome dado também aos primeiros **cristãos, discípulos** do Nazareno. Ver: **Cristo.**

NEGAÇÃO DE PEDRO

NEGAÇÃO DE PEDRO – Quando Jesus estava a ser julgado pelo **Sinédrio**, Pedro, que tinha ficado no pátio, negou por três vezes conhecer o Mestre, com medo de ser também preso. Quando ouviu cantar o galo, o **apóstolo** recordou-se que **Cristo** lhe tinha predito que iria renegá-lo antes do cantar do galo. E chorou amargamente de arrependimento. Ver: **paixão**.

NEÓFITO – do grego *neóphytos* "novo rebento". Na **Igreja** primitiva, significava **cristão** recentemente convertido e baptizado. Ver: **baptismo, catecúmeno, conversão**.

NEOTESTAMENTÁRIO – Próprio do **Novo Testamento**. Ver: **Veterotestamentário**.

NEPOTISMO – do latim *nepos (nepotis)* "sobrinho". Honras e cargos concedidos abusivamente a um sobrinho ou a um familiar pelo **papa** ou por um alto dignitário da **Igreja**. Os favores e os apoios políticos concedidos pelo papa Alexandre VI Bórgia (papa de 1492-1503) ao filho César Bórgia são disso um exemplo retumbante. Ver: **indulgências, nicolaísmo, simonia**.

NESTORIANISMO – Doutrina professada no século V por Nestório, **patriarca** de Constantinopla, que distingue em **Cristo** encarnado duas **Pessoas**, a Pessoa divina (o **Logos**) e a Pessoa humana: por consequência, Maria só pode ser a mãe de Jesus-homem. Atacado por Cirilo, patriarca de Alexandria, Nestório foi condenado e deposto pelo **concílio** de Éfeso (431). Ver: **cristologia, monofisismo, theótokos**.

NICODEMISMO – Termo que se refere à personagem evangélica de Nicodemos, que mantinha oculta a sua **fé** em Jesus; o nicodemismo designava uma adesão secreta ao protestantismo por parte de certos católicos. Ver: **conversos, marranos, mouriscos**.

NICOLAÍSMO – Os nicolaítas eram clérigos que, nos séculos X e XI, recusavam o **celibato** eclesiástico. A palavra deriva de uma personagem lendária, de nome Nicolau, um dos primeiros **diáconos** que teria sido condenado pelos **apóstolos** por ter querido conservar a esposa. Ver: **casamento, nepotismo, pastor, reforma gregoriana, simonia**.

NIHIL OBSTAT – Expressão latina que significa "nada se opõe" e que aparece impressa na folha de guarda dos livros que, após serem examinados pelas autoridades religiosas, foram declarados conformes ao **dogma**. Ver: *imprimatur, index*.

NIMBO – do latim *nimbus* "nuvem". Sinónimo de **auréola** e de **resplendor**.

NOA – do latim *nona (hora)* "hora nona". É a quinta hora do **ofício divino**, cantada pelos frades à 9ª hora do dia (por volta das 15 horas).

NOLI ME TÁNGERE – Na manhã do dia de **Páscoa**, Maria Madalena, tendo ido ao sepulcro, teve o privilégio de ver **Cristo** ressuscitado, que inicialmente tinha tomado pelo jardineiro; quando o reconheceu, precipitou-se para lhe tocar; mas Jesus disse-lhe: *Noli me tángere* "Não me toques". Ver: **ressurreição, santas mulheres**.

NOME – Dar um nome, chamar alguém pelo seu nome, e usar um nome próprio, não é anódino na tradição judaico-cristã. No momento da **Criação**, Deus, ao dar-lhe o ser, atribui um nome a cada **criatura**. Nomear é conhecer: por isso, pronunciar o nome de Deus é sacrilégio. Ver **tetragrama**. Mas, pela **Encarnação**, Deus deu-se a conhecer na **Pessoa** de seu **Filho**, chamado Jesus Cristo. O nome que cada **cristão** recebe no seu **baptismo** é um sinal de reconhecimento divino.

NON POSSUMUS – "Não podemos". Foi com estas palavras (ainda utilizadas para indicar uma recusa) que os **apóstolos** Pedro e João replicaram, quando os membros do **sinédrio** lhes proibiram de ensinar em nome de Jesus. Ver: **Actos dos Apóstolos**.

NOSSA SENHORA – Título dado à **Virgem** Maria: no espírito do feudalismo, Maria como *suzerana* intercede junto de Cristo-*Rei*. Ver **culto mariano**. São numerosas as igrejas consagradas a Nossa Senhora. Ver: **dedicação**.

NOVA ALIANÇA – À **Antiga Aliança** do **Antigo Testamento** sucedeu a **Nova Aliança** que é o seu aperfeiçoamento: um pacto perpétuo entre Deus e os homens selado pelo **sacrifício de Jesus Cristo**.

NOVA ÁRVORE DA VIDA – Nome dado à **cruz** de **Cristo**, o Novo Adão.

NOVA EVA – Nome dado à **Virgem** Maria, que, pelo seu *Fiat,* abriu o caminho à **Nova Aliança**, selada por seu **Filho**, o **Novo Adão**.

NOVENA – Exercícios de piedade e de **orações**, que se fazem durante nove dias. Ver: **oitava, tríduo**.

NOVICIADO – Período probatório (de um ano, pelo menos) imposto aos **noviços**, antes de pronunciarem os seus **votos religiosos**. Ver **postulante, professo, vestidura**.

NOVIÇO – do latim *novus* "novo". Pessoa que tomou o hábito religioso, mas que deve passar um tempo de provação, antes de pronunciar os **votos** e tornar-se **monge** ou **monja, religioso** ou **religiosa**. Ver: **noviciado, postulante, padre-mestre, professo, vestidura**.

NOVO ADÃO

NOVO ADÃO – Nome dado a **Cristo**, que se sacrificou para libertar a humanidade do **pecado** do primeiro Adão.

NOVO TESTAMENTO – Segunda parte da **Bíblia cristã**, composta pelos quatro **Evangelhos**, os **Actos dos Apóstolos**, catorze **Epístolas** de Paulo, as Epístolas de Tiago, Pedro, João e Judas e o **Apocalipse**.

NUNC DIMITTIS – Ver: **apresentação de Jesus no templo, profecia de Simeão**.

NÚNCIO APOSTÓLICO – do latim *nuntius* "mensageiro". Embaixador da **Santa Sé** junto de um governo estrangeiro.

NUVEM ARDENTE – Quando da saída do Egipto, o povo **hebraico** foi protegido dos soldados do faraó por uma nuvem de luz, que os guiou depois através do **deserto** rumo à **Terra Prometida**.

OBLAÇÃO – do latim *oblatio (oblationis)* "oferenda". Acto pelo qual o **sacerdote** durante o **ofertório** oferece o pão e o vinho, antes de os consagrar.

OBLATO(A) – do latim *oblatus* "oferecido". Pessoa que entrou numa comunidade religiosa depois de lhe ter doado todos os seus bens, mas sem pronunciar os **votos** e conservando o seu vestuário de **leigo**. Também usam este nome os **religiosos** de certas **ordens** (*os Oblatos de Maria Imaculada*).

OBRAS – As boas acções realizadas pelo homem na obtenção da **salvação** (o seu mérito em relação à **Graça** divina tem sido objecto de numerosos debates). Ver: **livre arbítrio**.

OBRAS DE MISERICÓRDIA – Acções caridosas que todo o cristão deve ao seu próximo. *Obras de misericórdia corporais*: 1/. dar de comer a quem tem fome; 2/. dar de beber a quem tem sede; 3/. vestir os nus; 4/. dar pousada aos peregrinos; 5/. assistir aos enfermos; 6/. visitar os presos; 7/. enterrar os mortos. *Obras de misericórdia espirituais*: 1/. dar bom conselho; 2/. ensinar os ignorantes; 3/. corrigir os que erram; 4/. consolar os tristes; 5/. perdoar as injúrias; 6/. sofrer com paciência as fraquezas do nosso próximo; 7/. rogar a Deus por vivos e defuntos. Ver: **amor, caridade**.

OCSB – Abreviatura de *Ordinis Cisterciensium Sancti Benedicti*, Ordem dos Cistercienses Reformados de Estrita Obediência. Ver: **trapistas**.

OFERENDA – Ver: **holocausto, oblação, ofertório, sacrifício**.

OFERTÓRIO – do latim *offertorium*, derivado de *offerre* "oferecer". 1ª parte da **liturgia eucarística**. Consiste numa preparação das oferendas (**oferta** do pão e do vinho e *Lavabo*) e precede a **oração eucarística**.

OFICIANTE – O oficiante é o **sacerdote** que *oficia* (que celebra a **missa** ou outro **sacramento**). Hoje, diz-se de preferência "**celebrante**"

OFÍCIO

OFÍCIO – A palavra pode designar qualquer celebração **católica**, incluindo a **missa** (*o ofício dos defuntos*). Entre os **protestantes**, é sinónimo de culto. Ver: **ofício divino**.

OFÍCIO DIVINO – Grande *oração* quotidiana, cantada pelos frades ao longo do dia. Distinguem-se sete "**horas**", que se sucedem da seguinte forma: 1/. **matinas** ou vigílias; 2/. **laudes**; 3/. **terça**; 4/. **sexta**; 5/. **noa**; 6/. **vésperas**; 7/. **completas**. A cada "hora", correspondem **salmos**, **leituras** e orações. As matinas, laudes e vésperas têm uma leitura prolongada e chamam-se as "horas maiores"; as outras são as "horas menores". Ver: **breviário**.

OFM – *Ordinis Fratrum Minorum*. Estas três letras, colocadas a seguir ao nome de um religioso, indicam que pertence à **Ordem dos Frades Menores**. Ver: **franciscanos**.

OITAVA – do latim *octavus* "oitavo". O prolongamento de uma festa, ao longo dos oito dias seguintes. (*Oitava do Natal, da Páscoa*)

OP – *Ordinis Predicatorum*. Letras que indicam que um **religioso** pertence à **Ordem dos Frades Pregadores**. Ver: **dominicanos**.

OPUS DEI – "Obra de Deus". Instituto **secular**, fundado em Espanha, em 1928, por Mons. José Maria Escrivá de Balaguer, hoje implantada em vários países do mundo. Os seus membros são **padres** e **leigos** com responsabilidades na sociedade e que se comprometem em favor de um **catolicismo** militante e tradicional. Em 1982, João Paulo II deu à *Opus Dei* o estatuto de "prelatura pessoal", dependendo directamente da **Santa Sé**.

ORAÇÃO – Movimento da **alma** para Deus, de adoração, de **acção de graças** ou de súplica. A oração dos **cristãos** por excelência é o **Pater**, ou **Pai-nosso**, em que os **fiéis** se dirigem colectivamente a Deus **Pai** com **amor** e reconhecimento, para o glorificar e pedir-lhe auxílio e **perdão**. Ver **jaculatória**.

ORAÇÃO DOMINICAL – Nome dado ao Pai-nosso, a oração que o Senhor ensinou (*Dominus*, em latim).

ORAÇÃO EUCARÍSTICA – A oração eucarística (que vai do **prefácio** à **doxologia**) é a parte essencial da **liturgia eucarística**. Outrora texto único, chamado **cânon da missa**, a oração eucarística pode ser escolhida de entre várias versões possíveis, como as que há para as "assembleias de crianças", "para os grandes grupos"... [*É o seguinte o seu esquema: 1. prefácio; 2. primeira invocação ao Espírito Santo (1ª epiclese); 3. narração; 4. memorial (anamnese); 5. segunda invocação ao Espírito Santo (2ª epiclese); 6. invocações; 7. doxologia.]

ORDENS MENDICANTES

*ORADA – do latim *orare* "rezar". Qualquer lugar onde se reza. **Ermida, capela** ou igrejinha, geralmente fora do povoado.

*ORAGO – do latim *oráculum* "oráculo", derivado do verbo *orare* "rezar". O **santo** da invocação que dá o nome a um **templo** ou **freguesia**. Ver: **santo padroeiro, patrono**.

ORANTE – do latim *orare* "rezar". Na arte **paleocristã**, representação de um fiel em **oração**, de pé, com os braços estendidos e as palmas das mãos voltadas para o céu.

ORATORIANOS – **Religiosos** da congregação do oratório, congregação sem **votos** de padres **seculares**, fundada em Roma por S. Filipe de Néri em 1564, vocacionada para o ensino e para a assistência a idosos e indigentes. Ver: **filipinos**.

ORATÓRIO – do latim *orare* "rezar". Pequena capela ou local consagrado à oração.

ORDÁLIO – do latim medieval *ordalium* "julgamento". Ver: **juízo de Deus**.

ORDEM – Ver: **ordens maiores, ordens menores, ordens mendicantes, ordens religiosas, sacramento da ordem, ordem terceira**.

ORDEM DE MALTA – Ver: **Hospitalários de S. João de Jerusalém**.

ORDEM RELIGIOSA – Associação de religiosos, vivendo segundo a mesma **regra**, depois de terem pronunciado **votos** solenes (*a Ordem dos Cartuxos*). Ver: **congregação**.

ORDEM TERCEIRA – Em algumas famílias religiosas, como os **franciscanos** ou os **dominicanos**, foi fundada, especialmente para os **leigos**, uma terceira ordem (depois do ramo masculino e do ramo feminino), pessoas que desejavam levar uma vida piedosa mas permanecendo no **século**. Os membros de uma ordem terceira chamam-se terceiros.

ORDENS MAIORES – Na **Igreja católica**, são os graus supremos do **sacramento da ordem**: 1/. o diaconado (**diácono**); 2/. o presbiterado (**presbítero, sacerdote** ou **padre**), 3/. o episcopado (**bispo**). Desde que as **ordens menores** foram extintas (1972), são as três únicas ordens que ficaram a constituir os graus do sacramento. Ver **tonsura, subdiácono**.

ORDENS MENDICANTES – **Ordens** fundadas no século XIII, que viviam de esmolas, não possuíam nada e desejavam conformar-se ao ideal de pobreza evangélica. Ver: **frades menores, frades pregadores, servitas**.

ORDENS MENORES

ORDENS MENORES – Antes da sua supressão em 1972, por Paulo VI, as ordens menores eram os graus inferiores que preparavam para o **sacramento da ordem**, na hierarquia **católica**: 1/. ostiário; 2/. leitor; 3/. **exorcista;** 4/. **acólito**. Ver: **tonsura**.

ORDINÁRIO DA MISSA – Tudo aquilo que, no desenrolar da **liturgia** da **missa**, tem um carácter fixo, ao contrário do **próprio dos santos** ou próprio do **tempo**, que varia de acordo com a festa do dia.

ORTODOXO – do grego *orthós* "direito" e *dóxa* "opinião". Conforme às doutrinas oficiais da **Igreja** (*um teólogo ortodoxo*). Ver **herege, heterodoxo**. Desde o Grande **Cisma do Oriente** em 1054, a palavra designa as Igrejas do Oriente, separadas de Roma, que se mantiveram ortodoxas de acordo com os primeiros **concílios** (*a Igreja ortodoxa russa, os ritos ortodoxos; um ortodoxo*). Ver: **católico**.

OSB – *Ordinis Sancti Benedicti*. As três letras após o nome de um religioso indicam que pertence à ordem dos **beneditinos** (Ordem de S. Bento).

OSTENSÓRIO – Peça de ourivesaria, em forma de sol irradiante, destinada a receber o **Santíssimo Sacramento** (sob a **espécie** de uma **hóstia** consagrada) para o expor (de forma *ostensiva*) à **adoração** dos **fiéis**. Ver: **capa de asperges, Corpo de Cristo, Quinta-Feira Santa, repositório, custódia**.

OURO – Um dos três presentes oferecidos ao Menino Jesus pelos **reis magos**, aquando da **epifania**; simboliza a realeza de **Cristo**. Ver: **incenso, mirra**.

OVELHAS – do baixo latim *ovícula*, diminutivo de *ovis* "ovelha". Conforme a **parábola** do **bom pastor**, os **paroquianos** são as ovelhas do seu **pároco**, que os guia como um pastor cuidadoso e preocupado com o seu bem. Ver: **pastor**.

PADRE – Sinónimo de **sacerdote** e de **presbítero**. Título dado a certos **religiosos** e aos padres **seculares**. Ver: **padres apostólicos, padres conciliares, padres da Igreja, padres do deserto, reverendo, santo padre.**

***PADRE MESTRE** – Designação usual do **sacerdote** que exerce o magistério. Título dado nas ordens e congregações religiosas ao sacerdote encarregado da formação dos **noviços**.

***PADRE-NOSSO** – **Oração dominical**, modernamente Pai-nosso, a oração que **Cristo** ensinou aos seus **discípulos**. Ver: **oração dominical.**

PADRES APOSTÓLICOS – Pensadores cristãos das origens, que ainda conheceram os **apóstolos** (daí o seu nome) ou os seus sucessores imediatos. Principais padres apostólicos: os santos Clemente de Roma, Inácio de Antioquia, Policarpo de Esmirna. Ver: **padres da Igreja.**

***PADRES BRANCOS** – **Sacerdotes e irmãos auxiliares** membros da Sociedade dos **Missionários** Africanos (S.M.A.), assim chamados por causa do seu hábito branco.

PADRES CONCILIARES – O conjunto dos membros de um **concílio** e particularmente os **bispos**, que são os seus membro por direito.

PADRES DA IGREJA – Filósofos e **teólogos cristãos** que, na continuação dos padres apostólicos e até ao século VIII, puderam precisar e aprofundar a doutrina da **Igreja**, ao mesmo tempo que combatiam as interpretações **heréticas** das **Escrituras**. Principais padres da Igreja: os santos Ambrósio, Atanásio, Agostinho, Basílio de Cesareia, Cipriano, Cirilo de Alexandria, Efrém, Gregório Magno, Gregório Nazianzeno, Gregório Nisseno, Hilário de Poitiers, Ireneu, Isidoro de Sevilha, João Cassiano, João Crisóstomo, João Damasceno, Jerónimo.

PADRES DO DESERTO – **Anacoretas** e **cenobitas** do Alto Egipto (Tebaida) que, nos séculos IV e V, foram os fundadores do **monaquismo cristão.** Ver: **patrística, patrologia.**

PADRES OPERÁRIOS

PADRES OPERÁRIOS – Sacerdotes que, a partir de 1946, optaram por trabalhar nas fábricas, no intuito de evangelizarem a classe operária, cuja condição partilhavam. A experiência chocou com a incompreensão de uma parte da hierarquia e foi interrompida em 1954, por decisão de Roma.

PADRES REFRACTÁRIOS – **Padres** que recusaram jurar a **Constituição civil do clero,** em 1790, em França.

PADRINHO – do latim popular *patrinus*, derivado de *pater* "pai". Ver: **madrinha.**

***PADROADO** – do latim *pater* "pai". O direito de conferir **benefícios eclesiásticos** em determinado território. Também o direito que teve a coroa portuguesa de nomear **sacerdotes** para as **igrejas** vagas. Durante o século XVI, a responsabilidade pela expansão da Igreja católica no Oriente cabia exclusivamente ao rei de Portugal.

***PADROEIRO** – do latim **pater** "pai". Os **santos** escolhidos como protectores ou intercessores junto de Deus. O mesmo que **patrono ou orago.** Ver: **intercessão.**

PAGANISMO – Aos olhos dos **cristãos**, esta palavra abrange tudo o que é **pagão**, ou seja, próprio das antigas **religiões politeístas** e, mais genericamente, das restantes religiões que não o **cristianismo.**

PAGÃOS – do latim *paganus* "camponês" e, depois, "pagão". Aqueles que aos olhos dos **cristãos**, são adoradores dos falsos deuses. A palavra latina *paganus* tomou o sentido de "pagão", pelo facto de as províncias romanas terem oferecido muita dificuldade à evangelização. Ver: **gentios, ímpios, incrédulos, infiéis, descrentes.**

PAI – A 1ª **Pessoa** da **Santíssima Trindade**. Deus Todo-Poderoso, **Criador** do céu e da terra. Para a **salvação** dos homens, enviou à terra o seu **Filho** bem-amado. Os **cristãos** dirigem-se-lhe dizendo "Pai-nosso....", certos da sua bondade. Ver: **Santíssima Trindade, Pater, Pai-nosso.**

***PAI-DOS-CRISTÃOS** – **Sacerdote secular** ou **religioso**, de qualquer **ordem** que, outrora, no Oriente português, tinha a seu cargo superintender nas **conversões** dos naturais, proteger os seus interesses morais e mesmo materiais e administrar a instrução e a justiça aos neo**conversos.**

PAI-NOSSO – Ver: **oração dominical.**

***PAI PUTATIVO** – Referido a S. José, supostamente pai de **Jesus.**

PAIXÃO DE CRISTO – do latim *pati* derivado do grego *paskhein* "sofrer". A **Paixão** de Cristo é o conjunto dos sofrimentos morais e físicos sofridos desde a sua prisão até à sua morte na **cruz**. Comemora-se a Paixão no decurso da **Semana Santa**. Ver: **via-sacra, crucificação, instrumentos da Paixão.**

PALA – do latim *palla* "manto". A pala é uma peça de tecido, rígida e quadrada com a qual o **sacerdote** tapa o *cálice* durante a Missa. Ver: **panos sagrados.**

PALAVRA DE DEUS – Ver: *Logos*, **Verbo.**

PALEOCRISTÃO – do grego *pálaios* "antigo". Próprio do cristianismo dos primeiros séculos.

PÁLIO – Palavra latina que significa "manto". **Paramento litúrgico** que tem o aspecto de uma faixa de lã branca bordada com cruzes negras e que o **papa** e outros dignitários como os **primazes** e os **arcebispos**, usam em redor dos ombros, com uma das extremidades a cair diante do peito e a outra atrás, durante determinadas cerimónias. [*Também se designa com este termo um **baldaquino** portátil, com dossel de seda branca, de forma rectangular, do qual descaem panejamentos ornados de galões, franjas ou bordados; é sustentado por quatro ou seis varas, nas quais pegam, nas cerimónias mais solenes, pessoas de distinção.]

PALMA – Sinal de vitória nos jogos antigos, a palma tornou-se, na **cristandade**, o símbolo do **martírio** (e, na iconografia, o emblema que distingue um **mártir**).

PANOS SAGRADOS – Panos de linho utilizados durante a celebração da eucaristia: o **corporal, o manustérgio, a pala, o purificador.** Ver: **alfaias sagradas.**

PANTEÍSTA – do grego *theós* "deus" e do prefixo *pan-* "tudo". Para o panteísta, Deus está em tudo e tudo está em Deus. Deus é a unidade do mundo com o qual se confunde. Ver: **agnóstico, ateu, politeísta.**

PANTOCRATOR – do grego *"pantós* "tudo" e *krátos* "poderoso". Representação de **Cristo** soberano própria da arte **bizantina**, a maior parte das vezes feita nas paredes da cúpula que domina a **igreja**. Ver **planta em cruz grega**. O Cristo Pantocrator aparece em busto, destacando-se sobre um fundo dourado, abençoando com a direita e segurando o livro com a esquerda. Ver: **bênção, ícone.**

PAPA – do grego *pappas* "papá". **Bispo** de Roma e chefe supremo da **Igreja católica**. Em Roma, ocupa o trono de S. Pedro. De acordo com o *Liber pontificalis*, houve na Igreja 264 papas até João Paulo II. As prerrogativas do papa são o **primado** e a **infalibilidade**. Ver: **antipapa, conclave,** *habemus papam*, **Santa Sé, soberano pontífice, tiara,** *Urbi et Orbi*.

111

PAPADO – Dignidade e poder do papa.

PAPISTA – Apelido de carácter polémico dado aos **católicos pelos protestantes**. Ver: **huguenote**.

PARÁBOLAS – do grego *parabolé* "comparação. Narrativas alegóricas, contadas por Jesus aos seus **discípulos**. Algumas parábolas são acompanhadas por uma explicação que revela os seus símbolos. Entre as parábolas relatadas nos **Evangelhos**, contam-se; a do **semeador**, dos **talentos**, do bom **samaritano**, do **bom pastor**, do **trigo** e do **joio**, do **filho pródigo,** do **fariseu** e a do **publicano...**

PARÁCLITO – do grego *parakletos* " intercessor, advogado". Nome dado ao Espírito Santo.

PARAÍSO – do grego *parádeisos* "jardim", derivado do iraniano *paradaiza* "recinto do senhor". Estadia onde os **eleitos** podem gozar da visão beatífica de Deus, fonte de toda a **bem-aventurança**, por toda a eternidade. Ver: **céu e inferno**.

PARAÍSO TERREAL – Segundo o livro do *Génesis*, Adão e Eva, gozavam a **beatitude** eterna no paraíso terreal, chamado **Éden**, antes de terem sido expulsos pelo Criador, por terem desobedecido e comido o fruto proibido, o fruto da **árvore do conhecimento do Bem e do Mal**. Ver: **árvore da vida, pecado original.**

PARAMENTOS LITÚRGICOS – Vestes que o **oficiante** usa durante as cerimónias **litúrgicas**. Ver: **panos sagrados, alfaias sagradas**. Estes paramentos têm variado segundo as épocas; a sua cor varia no decurso do **ano litúrgico**; simples ou ricamente ornamentados, diferem de uma **Igreja** para outra. Ver: **amicto, alva, barrete, capa, casula, dalmática, estola, humeral, manípulo, pálio, roquete, sobrepeliz.**

*****PARLATÓRIO** – Sinónimo de **locutório**.

PÁROCO – do grego *paroikía* "grupo de casas". **Padre** católico colocado à frente de uma **paróquia**. Conforme as regiões, é chamado **cura, abade, vigário, reitor ou prior**. Ou, simplesmente, padre.

PARÓQUIA – do grego *paroikía* "grupo de casas". Território onde um **pároco** ou um **pastor** exerce o seu **ministério**.

PAROQUIANO – Membro de uma **paróquia**. Ver: **ovelhas**.

PARÚSIA – do grego *parusia* "presença". Segunda vinda de **Cristo**, no fim dos tempos, para o **Juízo Final**. Ver: **escatologia**.

PÁSCOA – do hebraico *pessah* "passagem". A páscoa judaica comemora a saída do Egipto do povo de Israel, sob a orientação de Moisés. É a festa dos **ázimos**: durante sete ou oito dias, consumia-se pão sem fermento. Comer a páscoa, é comer o **cordeiro pascal** segundo os ritos, com ervas amargas. *Pessah* é a festa que celebra a partida para a **Terra Prometida**. Para os **cristãos**, a Páscoa é a festa mais importante: celebra a **Ressurreição** de Cristo, a sua passagem da morte à vida pela **salvação** da humanidade. Ver: **Semana Santa, vigília pascal**. A Páscoa celebra-se no 1º domingo que se segue à 1ª Lua cheia após o equinócio da Primavera, ou seja, entre 22 de Março e 25 de Abril. Ver **tempo pascal**.

*PASCOELA – Nome que se dá à festa celebrada no **domingo** seguinte ao domingo de **Páscoa**.

PASSAGEM DO MAR VERMELHO – Episódio da saída do Egipto, no decurso do qual as águas do Mar Vermelho se abriram milagrosamente, para deixar o povo **hebraico** atravessar a pé enxuto, fugindo diante do exército do faraó, que acabou engolido pelas águas. Ver: **êxodo**.

*PASSOS – Cada uma das pequenas **capelas** ou **oratórios** públicos, espalhados por uma localidade, em que se representam as diversas cenas da **Paixão** de Cristo, e que são visitados no decurso da **via-sacra**.

PASTOR – Através da parábola do bom pastor, Jesus apresentou-se como o pastor atento a cada uma das suas ovelhas. Na religião protestante, chama-se "pastor" ao ministro do culto. Ver: **celibato, ovelhas, sacerdote, templo**.

*PASTORAL – Tudo o que se relaciona com a actividade dos **pastores** espirituais, **padres** e **bispos**. A palavra também é utilizada para designar um ofício, instrução ou carta dirigida por um **prelado** ao **clero** ou aos **fiéis** da sua **diocese**.

PATARINOS – Movimento popular de renovação espiritual da **Igreja**, surgido em Milão no século XI. Os *patarini* (farrapeiros) preconizavam um regresso à pobreza e à simplicidade evangélica.. Condenando os excessos do **clero** (Ver: **nicolaísmo, simonia**), apoiaram a **reforma gregoriana**. Nos séculos XII e XIII, entraram em luta contra a Igreja, misturando-se às **heresias** próximas das dos **cátaros**. [*Só admitiam o Pai-nosso como oração e consideravam a criança como obra do diabo.] Ver: **Valdenses**.

PATENA – Prato que serve para receber a **hóstia** durante a **missa**. Ver: **alfaias sagradas**.

PATER – Primeira palavra em latim do Pai-nosso. Ver: **oração dominical**

PATRIARCA – do grego *patriarchês* "chefe de família". Nas **Igrejas ortodoxas**, um patriarca tem preeminência sobre os **bispos** e **arcebispos**

PATRIARCADO

que presidem às diferentes metrópoles diocesanas ou provinciais do seu **patriarcado.** Ver: **metropolita, papa.** [*O termo também é utilizado para indicar o prelado de algumas grandes e importantes dioceses (*o cardeal patriarca de Lisboa*).]

PATRIARCADO – Circunscrição **eclesiástica** das **Igrejas ortodoxas** que têm a sua frente um **patriarca** e compreendendo várias dioceses, elas também divididas em províncias metropolitanas. No século VI, a Igreja universal estava dividida em cinco patriarcados: Roma, Constantinopla, Alexandria, Antioquia e Jerusalém. Ver: **primado, Cisma do Oriente.**

PATRIARCAS – do grego *patriarchês* "chefe de família". Chama-se assim aos antepassados da humanidade e do povo **hebraico** evocados na **Bíblia**. Distinguem-se os patriarcas **antediluvianos** (de Adão a Noé) e os **pós-diluvianos** (de Noé a Abraão, Isaac e Jacob). Ver: **dilúvio,** *Génesis***, profetas.**

PATRÍSTICA – O estudo histórico, literário e teológico das obras dos **Padres da Igreja**. Ver: **patrologia.**

PATROLOGIA – Conjunto dos ensinamentos formulados pelos **padres da Igreja.** Distingue-se a patrologia *grega* e a patrologia *latina*.

PATRONO – Sinónimo de **padroeiro.**

PAULINO – Diz-se de tudo o que se refere a "Paulo", o **apóstolo** dos **gentios** (*a doutrina paulina*).

PAVILHÃO – Véu de seda que cobre o **cibório**, quando este contém **hóstias** consagradas.

PECADO – do latim *peccatum* "falta". Infidelidade a Deus, desobediência à sua vontade, quer se trate do **pecado original**, que pesa sobre todos os homens desde Adão e Eva, ou dos pecados pessoais cometidos por cada ser humano. Pode pecar-se por pensamentos, palavras, obras e omissões. Distinguem-se ainda os **pecados mortais** e os **pecados veniais**. O estado de pecado opõe-se ao **estado de graça**. Ver: **pecados capitais, penitência, virtudes.**

PECADO MORTAL – **Pecado** grave que afasta da **Graça** divina e acarreta a **condenação**. Ver: **pecados capitais, pecado venial, penitência.**

PECADO ORIGINAL – Adão e Eva, ao comerem o fruto proibido e desejando apropriar-se de um privilégio divino, o conhecimento do Bem e do Mal, romperam com o Criador. Depois de terem vivido na **bem-aventurança**, conheceram a triste condição de seres mortais. Tiveram

PENTATEUCO

de ganhar o pão com o suor do seu rosto e Eva deu à luz na dor. Toda a humanidade, nascida da semente de Adão, carregou o peso deste pecado hereditário. Ver: **árvore do conhecimento do bem e do mal, árvore da vida,** *Génesis,* **nova aliança.**

PECADO VENIAL – do latim *vénia* "perdão". Um pecado venial tem pouca gravidade; não impede a marcha para Deus. Ver: **pecado mortal.**

PECADOS CAPITAIS – do latim *caput (capitis)* "cabeça". São sete os pecados capitais: 1/. soberba; 2/. avareza; 3/. luxúria; 4/. ira; 5/. gula; 6/. inveja; 7/. preguiça. São assim chamados porque deles procedem todos os outros. Ver: **virtudes opostas.**

PEDITÓRIO – do latim *pétere* "pedir". Durante a **missa**, no momento do **ofertório**, circulam cestinhos pela assembleia, onde os **fiéis** depositam dinheiro. O produto dos peditórios destina-se à **paróquia** ou a uma obra de caridade, conforme os casos. Ver: **dinheiro do culto, honorários das missas.**

*****PEDRA DE ARA** – Pedra benzida que se coloca no centro do **altar** e sobre a qual o **sacerdote** estende o **corporal**, onde coloca o **cálice** e a **hóstia** para celebrar a **missa**.

PEIXE – Ver: *Ichthys.*

PELAGIANISMO – Doutrina do monge Pelágio (360-422), que valoriza o **livre arbítrio** do homem e minimiza o peso do **pecado original** e o papel da **Graça** divina. O pelagianismo foi combatido por S. Agostinho e condenado pelo **concílio** de Éfeso (431). Ver: **augustinismo.**

PELICANO – Por cima de algumas imagens da **Crucificação**, encontra-se o símbolo da mãe pelicano que, segundo a tradição, alimenta os filhos com o seu próprio sangue, imagem de Jesus que se sacrifica pelos homens. Ver: **cordeiro místico,** *Ichthys,* **fénix.**

PENITÊNCIA – do latim *paenitére* "arrepender-se". Um dos sete **sacramentos** da **Igreja católica**, através do qual o **sacerdote** perdoa ao **fiel** que lhe confessa os seus **pecados**. O **ritual** penitencial compreende quatro momentos sucessivos: 1/. a **contrição**; 2/. a **confissão**; 3/. a **absolvição**; 4/. a **penitência** ou satisfação. Actualmente, diz-se "sacramento da **reconciliação**". Ver: **cerimónia penitencial, confessionário.**

PENTATEUCO – do grego *pente* "cinco" e *têuchos* "volume". Primeira parte do **Antigo Testamento**, correspondente à **Tora hebraica** e que se compõe de cinco **livros**: *Génesis, Êxodo, Levítico, Números* e *Deuteronómio).* Tradicionalmente atribuído a Moisés, o Pentateuco começa com a **Criação** e termina com a entrada na **terra prometida**. Ver: **Bíblia.**

PENTECOSTES

PENTECOSTES – do grego *pentekostes* "quinquagésimo". Festa que se celebra no 7º domingo depois da **Páscoa** (50º dia). Ver: **tempo pascal**. Nesse dia, comemora-se a descida do **Espírito Santo** sobre os **apóstolos** reunidos em Jerusalém e a iluminação que lhes permitiu anunciar o **Evangelho** e fundar a **Igreja**. Ver: *Actos dos Apóstolos*, **carisma**.

PERDÃO – do latim *perdonare*, formado sobre *donare* "oferecer" reforçado pelo prefixo *per-*. O **cristianismo** é uma **religião** de perdão. Cristo, ultrapassando a **lei de talião**, convida ao perdão dos próprios inimigos, da mesma maneira que Deus perdoa a todos os seus filhos. Ver. **absolvição, pecado, penitência**.

PEREGRINAÇÃO – Viagem feita por um **fiel** a um **lugar santo**. Na Idade Média, os três lugares de peregrinação mais importantes eram Jerusalém, Roma e Santiago de Compostela. Ver: **caminhos de Santiago, cruzadas, Santo Sepulcro, romaria**.

PEREGRINOS – Fiéis que se deslocam a um lugar santo. Ver: **peregrinação, romaria, romeiro**.

PERFEITOS – **Cátaros** que tinham recebido o *consolamentum* e que daí em diante levavam uma vida ascética muito dura, adequada para os afastar da matéria má e a aproximá-los da bondade de Deus. Ver: **dualismo, maniqueísmo**.

*****PERSIGNAR-SE** – Ver: **benzer-se**.

PESAR – Vivo desgosto de ter cometido um **pecado** e desejo de **expiação**. Ver: **contrição**.

PESSOA – Segundo os **cristãos**, Deus é ao mesmo tempo único e em três pessoas distintas e iguais. Estas três Pessoas, o **Pai**, o **Filho** e o **Espírito Santo**, possuem uma mesma **Natureza** divina. Deus encarnou na Pessoa do Filho que uniu em si a Natureza divina e a Natureza humana. Ver: **hipóstase, Encarnação, Mistério, Santíssima Trindade**.

PIA DA ÁGUA BENTA – À entrada das **igrejas**, encontra-se um recipiente de pedra ou de louça, com **água benta**. Os **fiéis** são convidados a molhar a ponta dos dedos da mão direita e a fazerem o **sinal da cruz**.

*****PIA BAPTISMAL** – Também chamada fonte baptismal, a pia baptismal situa-se a maior parte das vezes numa **capela** perto da entrada da igreja. Trata-se de um vaso de pedra destinado à celebração do **baptismo** por **infusão**, tal como se generalizou no Ocidente a partir do século XIV, substituindo o baptismo por **imersão**. Ver: **fonte baptismal**.

PIETÀ – Palavra italiana que significa "piedade". Pintura ou escultura representando a **Virgem** Maria sentada aos pés da cruz, segurando sobre

PONTIFICAL

os joelhos o corpo morto de seu **Filho** Jesus (a *Pietà de Miguel Ângelo*). Também se diz a *Mater Dolorosa*. Ver: *Stabat Mater*.

PINÁCULO – Parte superior de uma arquitectura ou de um **retábulo**, muitas vezes em forma pontiaguda. Ver: **políptico**.

*PÍXIDE – do grego *pýxis (pýxidos)* "cofrezinho". Sinónimo de **cibório**.

PLANTA BASILICAL – Planta adoptada para a construção das primeiras **igrejas** sobre o modelo arquitectural das antigas **basílicas**: vastas dimensões; várias **naves** apoiadas em colunas desenhando um rectângulo a terminar numa **ábside** em hemiciclo; ausência de **transepto**. Ver: **planta em cruz latina, planta em cruz grega**.

PLANTA EM CRUZ GREGA – A planta das igrejas **ortodoxas** desenha uma **cruz** grega: a **nave**, pouco desenvolvida, não se distingue nitidamente da **ábside** e dos braços do **transepto**. Esta planta centrada é dominada por uma **cúpula**. Ver: **planta basilical**.

PLANTA EM CRUZ LATINA – A partir da Idade Média, as **igrejas** desenham uma planta que recorda a **cruz** de **Cristo**. A **nave**, que se estende até ao **coro** e até à **ábside**, é cortada perpendicularmente pelo eixo do **transepto**. Ver: **cruzeiro do transepto, planta basilical**.

PLUVIAL – Grande manto **litúrgico** usado pelo **sacerdote** em cerimónias ao ar livre e susceptível de proteger das intempéries (daí o seu nome). Sinónimo de **capa de asperges**. Ver: **paramentos litúrgicos**.

POLÍPTICO – Quadro de **altar**, composto por vários elementos. Um díptico e um tríptico estão divididos respectivamente em duas e em três partes. Ver **pináculo, retábulo**.

POLITEÍSTA – do grego *theós* "Deus" e do prefixo *poly-* "numerosos". Que acredita em muitos deuses. Ver: **monoteísmo, panteísmo**.

POMBA – Símbolo do **Espírito Santo**.

PONTIFICADO – O termo designa quer a dignidade do **soberano pontífice** quer a duração do exercício desta dignidade, desde a eleição de um **papa** até à sua morte (*o breve pontificado de João Paulo I*).

*PONTIFICAL – Como adjectivo, a palavra aplica-se a tudo o que se relaciona com os pontífices e com a dignidade episcopal. Como substantivo, pode ser: 1/ o livro litúrgico onde estão contidos os formulários para a administração dos sacramentos, bênçãos e outros actos reservados aos bispos; 2/ conjunto das vestes sagradas usadas nas cerimónias em que oficiam o papa ou os bispos; 3/ Capa comprida usada pelo bispo nos ofícios solenes; 4/ a missa em que o celebrante usa essa capa.

PONTÍFICE

PONTÍFICE – Ver: **soberano pontífice**.

PONTIFÍCIO – Relativo ao **soberano pontífice**.

POPE – Palavra russa derivada do grego *pappos* "avô". **Padre** da **Igreja** ortodoxa eslava. Ver: *papas*, **patriarca**.

PÓS-DILUVIANO – Posterior ao dilúvio. Ver: **antediluviano, patriarcas**

PÓS-TRIDENTINO – Que diz respeito à **Contra-Reforma** ou reforma católica, que se seguiu ao **concílio** de Trento (1545-1563). Ver: **tridentino**.

POSTULANTE – Pessoa que deseja entrar em religião, ou seja, ser admitida como **noviça**, para ser, depois do **noviciado, monge, religioso ou religiosa**.

PRAGAS DO EGIPTO – As dez pragas do Egipto, segundo o livro do **Êxodo**, são as calamidades enviadas por Deus ao faraó para o obrigar a libertar o povo **hebraico** da escravatura: 1/.água transformada em sangue; 2/. rãs; 3/. mosquitos; 4/. moscas; 5/. peste; 6/. úlceras; 7/. granizo; 8/. gafanhotos; 9/. trevas; 10/. morte dos primogénitos.

PRANTO – Imagem da **Paixão**, em que as **santas mulheres**, S. João, José de Arimateia, Nicodemos e Maria exprimem a sua dor perante o corpo de Jesus, que acaba de ser despregado da cruz. Ver: **deposição, descimento da Cruz, enterro,** *pietà*, *stabat mater*.

PREBENDA – Do latim *praebenda* "aquilo que deve ser fornecido". Nome genérico dado a todos os **benefícios eclesiásticos** de ordem superior, nas igrejas **catedrais** e **colegiadas**. Por extensão, qualquer renda eclesiástica. Ver: **benefício, côngrua**.

*PRECÓNIO – Oração que se canta na vigília pascal, para a bênção do **círio pascal**.

PRECURSOR – Derivado de *praecúrrere* "correr diante de". Nome dado a João Baptista, o último dos **profetas** que surgiu antes de **Cristo** para preparar a sua vinda.

PREDELA – Soco ou base de um **retábulo** ou de um **políptico**, muitas vezes ornado com uma sequência de pequenos painéis de carácter narrativo.

PREDESTINAÇÃO – Segundo a doutrina da predestinação, o destino do mundo está fixado por Deus desde toda a eternidade: os homens, privados de **livre arbítrio**, estão votados, desde a hora do nascimento, à **salvação** ou à **condenação** segundo a escolha misteriosa da **Graça** divina A predestinação tem sido objecto de numerosas interpretações e tem

PRESÉPIO

estado na origem de acesas controvérsias. Ver: **augustinismo, calvinismo, jansenistas, jesuítas, luteranismo, molinistas, pelagianismo.**

PRÉDICA – do latim *praedicare* "anunciar". Ver: **homilia, prática, pregação, sermão.**

PREFÁCIO – Prólogo de **acção de graças**, pelo qual começa a **oração eucarística**.

PREGAÇÃO – do latim *praedicare* "anunciar". Discurso em que o **padre** ou o **pastor** ensinam e comentam as **Escrituras**. Ver: **homilia, prédica, sermão.**

PREGADORES – Ver: **padres pregadores.**

PRELADO – do latim *praelatus* "levado à frente". Alto dignitário da **Igreja (arcebispo, cardeal...).** Ver: **pálio.**

PRESBITERIANISMO – do grego *presbýteros* "mais velho". Organização de grande parte das **Igrejas protestantes** (preconizada por Calvino) fundada na eleição de responsáveis ao nível dos conselhos *presbiterais* (**paróquias**) e dos **sínodos** regionais ou nacionais. Ver **congregacionalismo**.

PRESBITÉRIO – A palavra tem vários sentidos: 1/. residência do **pároco**; 2/. sinónimo de **santuário**, o lugar mais sagrado da **igreja**, onde só os padres podem entrar; 3/. a comunidade dos padres ou **presbíteros**.

PRESBÍTERO – do grego *presbýs* "velho", através do latim *presbiter* "padre". Sinónimo de **sacerdote**. Na **Igreja católica,** o presbítero recebeu o **sacramento da ordem**, no momento da ordenação: pode, a partir de então, pregar, baptizar, celebrar a **eucaristia**, absolver os **pecados**, administrar o sacramento dos doentes. Um padre só é **pároco** se for colocado à frente de uma paróquia. Ver: **ministério,** *papas, pope*, **pastor, sacerdócio, vocação.**

PRESENÇA REAL – Dogmas segundo o qual o corpo e o sangue de Cristo estão substancial e misteriosamente presentes na **eucaristia**, sob as aparências do pão e do vinho (as **espécies**). Ver: **transubstanciação.** Os calvinistas professam uma presença espiritual de Cristo na comunhão; para os luteranos, existe presença real sem simultâneo do pão e do corpo de Cristo e do vinho e do sangue de Cristo, no momento da ceia (**consubstanciação**).

PRESÉPIO – do latim *praesepium* "curral". Estábulo onde nasceu **Jesus**, em Belém. Também se dá este nome às representações que se fazem deste episódio, na altura do **Natal**, servindo-se de figurinhas apropriadas. Ver: **adoração dos pastores, adoração dos reis magos, epifania, natividade.**

PRIMA – Ver: **laudes.**

PRIMADO – O primado do **papa**, isto é, a sua preeminência sobre os restantes **bispos** e a sua autoridade universal como sucessor de S. Pedro e **vigário** de Cristo, recebeu a sua formulação teórica desde o século V (Leão I). Recusado pelos **ortodoxos**, foi reconfirmado pelos **concílios** de Trento (1563) e do Vaticano I (1870). Ver: **infalibilidade.**

PRIMAZ – do latim *primas (primatis)* "que está no primeiro lugar". Título de precedência concedido a determinados **prelados**, por motivos históricos ou litúrgicos [*o arcebispo primaz de Braga.*]

PRIMEIRA COMUNHÃO – Cerimónia em que uma criança, um adolescente ou um adulto comungam pela primeira vez. Ver: **comunhão privada, comunhão solene, eucaristia, profissão de fé.**

PRIOR – **Superior ou superiora de um priorado** ou de um **convento** de certas **ordens** (como os **dominicanos**). Ver: **abade, superior**. Também se utiliza aplicado ao **pároco**.

PRIORADO – Mosteiro que depende de uma **abadia**. Um priorado é dirigido por um prior.

PRIORESA – Superiora de um convento feminino.

PROCISSÃO – Cerimónia pública em que os **fiéis** desfilam pelas ruas e caminhos, atrás do seu pároco. Transporta-se a estátua do **santo padroeiro** da paróquia no dia da sua festa, o **Santíssimo Sacramento** no dia do **Corpo de Deus**; nas **rogações**, o pároco abençoa os campos. Ainda subsistem algumas destas procissões que sempre mobilizam os fiéis. Ver: **via-sacra, confrarias de penitentes**

PROFANAR – Manchar de qualquer forma o espaço sagrado e, mais precisamente, ofender violentamente um local sagrado, um símbolo religioso (profanar um **altar**, uma **hóstia**, uma sepultura...). Ver: **sacrilégio.**

PROFANO – do latim *profanus*, palavra formas da pelo prefixo *pro-* "diante de" e *fanum* "templo". É profano tudo aquilo que se encontra fora do espaço sagrado e, mais genericamente, tudo o que é estranho à religião. Ver: **leigo, secular.**

PROFECIA DE SIMEÃO – Na altura da **apresentação de Jesus no templo**, um ancião de nome Simeão tomou o Menino nos seus braços e, reconhecendo-o como o **Messias**, cantou um cântico de acção de graças *Nunc dimittis servum tuum in pace...* "Agora podeis deixar partir o vosso servo..."

PROFESSO(A) – Pessoa que já pronunciou os seus **votos** (fez a sua profissão religiosa) numa **ordem religiosa**. Ver: **noviço.**

PROVIDÊNCIA

PROFETAS – do grego *pró* "antes" e *phemí* "dizer". No **Antigo Testamento**, os profetas têm por missão predizer o futuro e exprimir a vontade de **Iavé**. Para os **cristãos**, os profetas anunciaram e prepararam a vinda do **Messias**: as suas profecias realizaram-se. Além de Elias e de Eliseu, a **tradição** distingue os quatro profetas "maiores" (Isaías, Jeremias, Ezequiel e Daniel) e os doze profetas "menores" (Oseias, Joel, Amós, Abdias, Jonas, Miqueias, Naúm, Habacuc, Sofonias, Ageu, Zacarias e Malaquias). Ver: **patriarcas, sibilas.**

PROFISSÃO DE FÉ – Todo o **cristão** professa a sua **fé**, quando reza o **credo**. Por volta dos 12 anos de idade, após seis ou sete anos de **catecismo**, um jovem **católico**, no decurso de uma cerimónia chamada "profissão de fé", renova solenemente os compromissos assumidos pelos pais e **padrinhos** no dia do seu **baptismo**. Ver: **comunhão solene, primeira comunhão.**

PROFISSÃO RELIGIOSA – Acto pelo qual um **noviço** pronuncia os seus **votos**.

*PROMESSA – O voto particular, feito a Deus e aos **santos**, de realizar algum acto ou oferecer alguma coisa para obter a sua protecção. Para ser válida, precisa de ser feita com verdadeira intenção de se obrigar e que a sua matéria seja boa e moralmente possível.

PRÓPRIO – Constituem o próprio dos **tempos** ou o próprio dos **santos** todos os elementos da **liturgia** (orações, leituras...) específicos da festa do dia, celebrando **Cristo** (**temporal**) ou um santo (**santoral**). O próprio do lugar está ligado a um rito particular de um país, de uma diocese. O próprio intercala-se no desenrolar do **ordinário da missa.**

PROTESTANTES – os membros das **Igrejas** nascidas da Reforma. O seu nome provém do *protesto* de seis príncipes alemães luteranos contra Carlos V, que pensou voltar atrás na concessão da liberdade de cultos que lhes tinha concedido (Dieta de Spira, 1529). Ver: **calvinismo,** *cuius regio eius religio,* **luteranismo.**

PROTESTANTISMO – A **religião** originada na **Reforma**, os seus usos e as suas crenças, que diferem (em determinado número de pontos) dos **dogmas** da **Igreja católica**, da qual se separou. O protestantismo agrupa por todo o mundo numerosos **fiéis**, pertencentes a diversas Igrejas fundadas sucessivamente. Ver: **calvinismo, luteranismo, protestantes.**

PROVIDÊNCIA – do latim *providére* "ver antes". Acto pelo qual Deus governa o curso dos acontecimentos, de acordo com o seu plano de **salvação** dos homens, que determinou. O providencialismo vê uma finalidade na história: o bem dos homens e a glória de Deus.

PRÓXIMO – O ser humano considerado como um semelhante (como um irmão, um filho do mesmo **pai**). O amor pelo próximo encontra-se no âmago do **cristianismo**. Ver: **caridade**.

PRUDÊNCIA – Uma das quatro **virtudes cardinais**.

PUBLICANOS – do latim *publicanus* "cobrador de impostos", derivado de *públicum* "tesouro público"). Na época de Jesus, na Judeia, os publicanos eram desprezados e suspeitos de compromissos com os Romanos, particularmente pelos **fariseus**. Um publicano chamado Levi abandonou tudo para seguir Jesus, tomando o nome de Mateus (do hebraico *Mattiyah* "dádiva de Deus").

PÚLPITO – do latim *púlpitum* "tribuna". Tribuna elevada, situada na **nave** de uma **igreja**, do alto da qual o pregador faz ouvir o seu **sermão**. Ver: **homília, prédica**.

PURGATÓRIO – do latim *purgare* "purificar". "Lugar onde as almas dos Justos, mortos em estado de Graça, conhecem algum "tempo de espera", a fim de expiarem os seus pecados antes de terem acesso à bem--aventurança. Ver: **condenação, inferno, expiação, paraíso**. A Igreja católica é a única que ainda afirma a existência do purgatório.

PURIFICAÇÃO – Ver: **abluções**.

PURIFICAÇÃO DE NOSSA SENHORA – Depois de darem à luz, as mulheres eram submetidas a uma cerimónia de purificação. A Virgem Maria realizou esses ritos 40 dias após o nascimento de Jesus. Festeja-se a 2 de Fevereiro, na festa da **Candelária**.

PURIFICADOR – Toalha com que o **sacerdote** limpa a **patena** e o **cálice**, na **missa**, depois de comungar. [*Também tem este nome um pequeno vaso de metal ou de vidro, colocado sobre o **altar**, para o sacerdote lavar os dedos depois de administrar a **comunhão** fora da Missa ou depois de tocar no **Santíssimo Sacramento** em qualquer outra ocasião.] Ver: **abluções, panos sagrados, alfaias sagradas**.

PURITANOS – Opositores (de inspiração calvinista) à **Igreja** anglicana, que intentavam *depurar* de todo o "catolicismo". Separaram-se dela em 1581. Foram perseguidos, tendo emigrado para os Países Baixos e para a América.

PÚRPURA CARDINALÍCIA – A indumentária de cor púrpura, usada pelos **cardeais**, tornou-se o símbolo da sua dignidade. "Aceder à púrpura cardinalícia" significa "ser nomeado cardeal".

QUACRE – *quaker*, do inglês *to quake* "tremer". Membro de um movimento religioso protestante fundado por George Fox em 1652, a "Sociedade dos Amigos", cujos adeptos rejeitam credos, rituais e a religião organizada, e que "tremem" diante da palavra de Deus.

QUADRAGÉSIMA – do latim *quadragesima* "quaresma". Nome que se dava antigamente ao 1º domingo da **Quaresma**.

QUARESMA – do latim *quadragesima (dies)* "o quadragésimo dia". Período que precede a **Páscoa**, iniciando-se na **Quarta-Feira de Cinzas** e durando 46 dias, 40 dos quais constituem efectivamente a Quaresma (os **domingos** não estão incluídos). A Quaresma é um período de **oração** e de privações que culmina com a **Semana Santa** e que permite aos **fiéis** prepararem-se dignamente para a festa da **Páscoa**. Ver: **abstinência, carnaval, jejum.**

QUARESMAL – Relativo à **Quaresma**. O mesmo que quadragesimal.

QUARTA-FEIRA DE CINZAS – Primeiro dia da **Quaresma**. Durante a **missa**, o sacerdote traça na testa dos **fiéis** uma **cruz** com cinzas, sinal de penitência. Ver: **carnaval, Terça-Feira Gorda.**

QUASIMODO – Nome dado ao **domingo** da **oitava** da **Páscoa** (o 1º depois da Páscoa), por causa da primeira palavra do intróito da missa do dia: *Quasimodo...* "Da mesma maneira que ...". Ver: *laetare.*

QUATRO TÊMPORAS – À entrada de cada estação, em Junho para as ceifas, em Setembro para as vindimas, em Dezembro para as sementeiras e a apanha da azeitona, em Março para o despertar da Natureza, a **Igreja católica** prescrevia três dias de **jejum** e de **oração**. Por exemplo, as Quatro Têmporas do **Advento** eram na 4ª feira, 6ª feira e sábado que precediam o último **domingo** de Advento, último domingo antes do Natal.

QUESTÃO DAS IMAGENS

QUESTÃO DAS IMAGENS – Ver: **crise iconoclasta**.

QUESTÃO DAS INVESTIDURAS – Gregório VII (**papa** de 1073 a 1085) entrou em luta contra o imperador Henrique IV, acerca da investidura dos **bispos** e dos **abades**. O imperador, sendo "de direito divino", pretendia ser o único a nomear os dignitários **eclesiásticos** do seu império. O papa, em nome do seu poder espiritual, proibiu qualquer investidura **laica**. A luta continuou com os seus sucessores, até 1122 (concordata de Worms). Ver: **luta do sacerdócio e do império**.

QUESTÃO DOS UNIVERSAIS – Ver **universais**.

QUERMESSE – do flamengo *kerkmisse* "missa de igreja". Festa paroquial, ao ar livre, ocasião de divertimentos populares. Ver: **carnaval, dedicatória**.

QUERUBIM – No livro do *Génesis*, dois querubins estão de sentinela diante das portas do **Éden**; outros estão colocados no **santo dos santos**, de um lado e doutro da **Arca da Aliança**; são génios alados, copiados da civilização babilónica. Na tradição **cristã**, este **anjo** da 1ª hierarquia é representado sob o aspecto de um rosto de criança, com um par de asas. Ver: **arcanjo, serafim**.

QUIETISMO – Doutrina **mística** de origem antiga, teorizada pelo teólogo espanhol Miguel de Molinos (1628-1696), que preconizava um abandono passivo da **alma** para atingir o **amor** perfeito e a união com Deus. O quietismo foi condenado pela **Igreja católica**.

*****QUINQUAGÉSIMA** – do latim *dominica in quinquagesima* "domingo na 5ª dezena" antes da **Páscoa**. Ver: **septuagésima, sexagésima, Quaresma**.

QUINTA-FEIRA SANTA – Quinta-feira que precede a **Páscoa**. Ver: **tríduo, Semana Santa**. Nesse dia, os **cristãos** comemoram a instituição da **eucaristia** por **Cristo**. Ver: **ceia, comunhão**. O **oficiante** procede ao **lava-pés** em recordação do gesto de humilde servo feito por Jesus. O **bispo** abençoa os **santos óleos** que servirão para determinados **sacramentos**. Ver: **unção**. No fim da missa, o Santíssimo Sacramento é colocado num repositório e os **altares** são despojados.

RABI – Palavra hebraica que significa "mestre", utilizada pelos **discípulos** para se dirigirem a Jesus. Ver: **Senhor.**

RAMOS – Ver: **Domingo de Ramos.**

RECONCILIAÇÃO – O **sacramento** da reconciliação é o nome que actualmente se dá ao sacramento da **penitência**. O **fiel**, cujos **pecados** foram perdoados, *reconcilia-se* com Deus.

RECONQUISTA – Refere-se à reconquista da Península Ibérica pelos **cristãos**, ao retomarem aos Árabes muçulmanos o território por estes ocupado no século VIII. A *reconquista* inicia-se no século IX e só termina em 1492, com a conquista de Granada aos Mouros. Ver: **mouriscos.**

REDENÇÃO – do latim *redemptio (redemptionis)* "resgate". O **Mistério** da **Redenção** é o resgate da humanidade por **Cristo** Redentor: o seu **sacrifício** resgatou os homens sujeitos à escravatura do **pecado**. Ver: **salvação.**

REDENTORISTAS – Religiosos da **congregação missionária** do "Santíssimo Redentor", dedicada à evangelização do povo.

REFORMA – Amplo movimento religioso (1517-1564) que desejava reformar a **Igreja**, reconduzi-la à sua pureza original e que acabou por provocar a cisão da cristandade europeia e deu nascimento ao **Protestantismo**. Ver: **calvinismo, Contra-Reforma, indulgências, luteranismo.**

REFORMA CATÓLICA – Ver: **Contra-Reforma.**

REFORMA GREGORIANA – Gregório VII (papa de 1073 a 1085) foi o promotor de uma grande reforma da Igreja. Lutou contra os excessos do clero (Ver: **nicolaísmo, simonia**) e contra as investiduras laicas dos abades e dos bispos. Ver: **questão das investiduras.**

REFORMAÇÃO – O conjunto das modificações trazidas à doutrina **cristã** pela **Reforma**. Nas **Igrejas protestantes**, a reformação celebra-se a 31 de Outubro.

REFRACTÁRIOS

REFRACTÁRIOS – Ver: **padres refractários**.

REGRA DE S. BENTO – Por volta de 540, S. Bento de Núrsia fixou uma regra (em latim *régula*) que iria tornar-se a regra não só dos **monges** da sua **ordem**, mas também a de quase todas as ordens monásticas futuras. Esta tem por objectivo a glorificação de Deus através da **liturgia** e propõe uma vida partilhada entre a **oração** e o trabalho manual: *Ora et labora* "reza e trabalha" foi a divisa dos **beneditinos**. Ver: **ofício divino**.

REGULAR – Diz- se do clero que obedece a uma regra, depois de ter pronunciado os votos. Opõe-se a *secular*.

REINO DE DEUS, REINO DOS CÉUS – É o reino anunciado por Cristo, o reino onde o Amor triunfará.

REIS MAGOS – Ver: **magos**.

RELAPSO – do latim *relapsus* "que voltou a cair". Um relapso é aquele que voltou a recair numa heresia, depois de a ter abjurado. Ver: **abjuração**.

RELICÁRIO – cofrezinho, a maior parte das vezes de material precioso, onde se conservam as relíquias.

RELIGIÃO – do latim *relégere* "recolher" ou *religare* "ligar". Crenças e práticas que definem as relações do homem com o sagrado e com a divindade (a religião cristã). Ver: **dogma, rito**. No seio do cristianismo, têm-se distinguido várias religiões (*religião católica, religiões reformadas...*) Ver: **guerras de religião**. A palavra significa também "vida monástica": "entrar em religião" é sinónimo de "pronunciar os votos".

RELIGIOSO(A) – De uma maneira geral, qualquer membro do clero. Mais particularmente, os clérigos que pertencem a uma ordem aberta sobre o mundo: vivem em comunidade, em conventos; fizeram voto de pobreza, castidade e obediência; mas não vivem em clausura, como os monges. Os dominicanos e os franciscanos são religiosos.

RELÍQUIAS – do latim *reliquiae* "restos". Corpo ou fragmentos do corpo de um **santo**, de um **bem-aventurado**, de um **mártir**, ou objectos ligados à sua pessoa ou ao seu martírio, cujo **culto** foi autorizado pela **Igreja católica**. Ver **relicário**.

REMISSÃO DOS PECADOS – No decurso do sacramento da penitência, o padre absolve os pecados ao fiel. Ver: **absolvição, perdão**.

RENEGADO(A) – do latim *renegare* "renegar". Diz-se de um cristão que renega a sua fé, para adoptar outra religião. Ver: **abjuração, apóstata, relapso**.

REVERENDO(A)

RENOVAMENTO CARISMÁTICO – Movimento que surgiu primeiro nos Estados Unidos nos meios protestantes e depois nos católicos; desenvolveu-se em França, a partir dos anos 70. Reunidos em comunidades de oração, os "carismáticos" manifestam grande fervor místico e têm fé na acção do **Espírito**, que envia os seus dons (os seus **carismas**), como fez com os **apóstolos**, no momento do **Pentecostes**.

RÉPROBOS – Sinónimo de **condenados**. Ver: **eleitos**.

REQUIEM – Primeira palavra da oração *Requiem aeternam dona eis, Domine*... "Dai-lhes, Senhor, o eterno descanso...", que constitui o **intróito** da **missa** de defuntos (uma missa de *requiem;* o *Requiem* de Mozart).

RESGATE – Pelo seu **sacrifício**, **Cristo** resgatou a humanidade sujeita à escravatura do **pecado**. Ver: **redenção, salvação**.

*****RESPLENDOR** – Sinónimo de **auréola** ou **nimbo**.

RESPONSO – Cântico sobre palavras retiradas das sagradas **Escrituras**, executado por um solista e retomado em seguida por todo o **coro** (como se fosse uma *resposta*).

RESSURREIÇÃO DE CRISTO – do latim *resúrgere* "voltar a levantar-se". Conforme referem os **Evangelhos**, **Cristo** ressuscitou de entre os mortos na manhã de **Páscoa**. A sua vitória sobre a morte deve ser partilhada com toda a humanidade, chamada à **salvação** e à **vida eterna**.

RESSURREIÇÃO DOS MORTOS, RESSURREIÇÃO DA CARNE – do latim *resúrgere* "voltar a levantar-se". Segundo a profissão que fazem no *Credo*, os **cristãos** acreditam que todos os homens renascerão no fim dos tempos e que os seus **corpos** ressuscitados reencontrão a **alma**, para o **Juízo Final**.

RETÁBULO – Quadro por cima de um **altar**. Formado inicialmente por um único painel, o retábulo é composto geralmente por diversos elementos pintados ou esculpidos, fixos ou móveis. Ver: **pináculo, políptico, predela**.

REVELAÇÃO – Acto pelo qual Deus se manifesta aos homens e lhes dá a conhecer os seus desígnios de **salvação**. Ver: **epifania, Encarnação, teofania**. A **Igreja** tem por missão proclamar e transmitir a revelação, de que é depositária.

REVERENDO(A) – do latim *reverendus* "que deve ser venerado". Epíteto que se coloca antes de **padre** ou **madre**, se se tratar de um religioso ou de uma religiosa, ou quando nos dirigimos a um religioso ou a uma

religiosa. Pode ser utilizado como substantivo: *"Bom dia, Reverendo!"*.
Ver: **abade, dom, eminência, excelência, monsenhor, padre, santidade.**

REVOGAÇÃO DO EDICTO DE NANTES – Ver: **Edicto de Nantes**

RIP – *Requiescat in pace* "que descanse em paz". Por vezes, estas três letras surgem gravadas nas sepulturas ou escritas nas participações de falecimento. Ver: ***D.O.M.***

RITO – Formas de acordo com as quais se desenrola uma cerimónia ou o conjunto da **liturgia** própria de uma **Igreja** (*o rito ortodoxo*) ou de uma **diocese** (*o rito bracarense*).

RITO DE ABERTURA – A 1ª parte da **missa**. Compreende o *Introito*, o *Confiteor,* o *Kyrie* e o *Gloria.*

RITO DA COMUNHÃO E DE CONCLUSÃO – É a 4ª e última parte da **missa**. Compreende a recitação do *Pater*, o rito da Paz, o *Agnus Dei,* a **comunhão dos fiéis,** a **bênção** e a despedida da assembleia.

RITUAL – Livro onde estão escritos os **ritos.**

ROGAÇÕES – do latim *rogationes* "pedidos". Na festa das rogações (três dias antes da **Ascensão**), o **pároco** da aldeia, numa **procissão** em meio rural, abençoava os campos e as próximas colheitas, perpetuando assim um rito propiciatório de origem **pagã**.

*****ROMÂNICO** – Estilo de arquitectura, especialmente religiosa, predominante no Ocidente entre os séculos V e XII, resultante do cruzamento da arte romana com a bizantina. Caracteriza-se, entre outras coisas, pelo emprego da abóbada, colunas cilíndricas e robustas, capitéis caprichosos e arcos de volta inteira. Ver: **gótico.**

*****ROMARIA** – do nome da cidade de Roma. **Peregrinação** ou jornada de pessoas **devotas** a um lugar sagrado ou de carácter religioso.

ROMEIRA – Manto curto, sem mangas, usado pelos **peregrinos** ou **romeiros**. Ver: **bordão, concha de Santiago.**

*****ROMEIRO** – Sinónimo de peregrino.

ROQUETE – do alemão *rock,* "vestido". Espécie de **sobrepeliz** de mangas estreitas e profusos bordados de renda, usada por alguns dignitários eclesiásticos como os **bispos,** os **abades** ou os **cónegos**. Ver: **paramentos litúrgicos.**

ROSA MÍSTICA – Símbolo da **Virgem** Maria. Ver: **ladainha de Nossa Senhora.**

ROSÁRIO

ROSÁRIO – do latim *rosarium* "grinalda de rosas". A reza do rosário resume-se em oferecer a **Nossa Senhora** um grande número de **Avé--Marias,** autêntica coroa de rosas. O rosário compreende três **terços**, ou seja, 150 Avé-Marias. Ver: **terço**. O primeiro terço honra os cinco *mistérios jubilosos* da vida de Maria e de Jesus (**anunciação, visitação, natividade, apresentação de Jesus no templo**, reencontro de Jesus no templo); o 2°, os *mistérios dolorosos* (agonia, **flagelação**, coroação de espinhos, transporte da cruz, **crucificação**); o 3°, os cinco *mistérios gloriosos* (**ressurreição, ascensão, pentecostes, Assunção, Coroação de Nossa Senhora**). O rosário foi introduzido por S. Bernardo no século XII e popularizado no século XIII pelos dominicanos; a sua forma definitiva data do século XV.

*SÁBADO DE ALELUIA – Sinónimo de **Sábado Santo**.

SÁBADO SANTO – Terceiro dia do tríduo, sábado que precede a Páscoa e que encerra a Semana Santa. É o último momento de luto, em que se comemora a permanência de Cristo no sepulcro, na expectativa da Ressurreição.

SABAOTH – Termo hebraico. Nome dado a Deus no **Antigo Testamento** e pronunciado na **liturgia** da **missa**. *Sanctus, Sanctus, Sanctus Dominus, Deus Sabaoth* "Santo, Santo, Santo é o Senhor, Deus dos Exércitos". Ver: *alfa e ómega*, **Eterno, Iavé**.

SABAT – Forma aportuguesada do hebraico *chabbat* "o sétimo", referindo-se ao sétimo dia da **Criação**, último dia da semana, que, para os **Judeus**, é consagrado a Deus e no decurso do qual é proibido qualquer trabalho, de acordo com o 4º **mandamento**. Ver: **domingo**.

SACERDÓCIO – Estado e dignidade dos **ministros** de Deus. Para a tradição **católica** existe um sacerdócio de *1º nível*, o do **papa** e dos **bispos** e um sacerdócio de *2º nível*, o dos **presbíteros**. Segundo Lutero, o sacerdócio, herdado de Cristo, é universal: todos os **fiéis** têm uma missão pastoral. Ver: **luteranismo**. Depois de o ter combatido durante muito tempo, a **Igreja católica** reconhece, desde o Vaticano II, o princípio de uma função sacerdotal para todos os **leigos**. Ver: *aggiornamento*.

SACERDÓCIO E IMPÉRIO – Ver: **luta entre o sacerdócio e o Império**.

*SACERDOTE – Sinónimo de **presbítero**.

SACRAMENTO – Acto **sagrado** que tem por objectivo a **santificação** do **fiel** que o recebe: é um sinal que produz ou aumenta a **Graça** na sua **alma**. A Igreja católica conta sete sacramentos: 1/. **baptismo;** 2/. confir-

SACRAMENTO DA ORDEM

mação; 3/. **eucaristia**; 4/. **penitência ou reconciliação**; 5/. **extrema-unção ou unção dos doentes**; 6/. **ordem**; 7/. **matrimónio**. As **Igrejas protestantes**, geralmente, admitem apenas dois sacramentos: 1/. baptismo; 2/. ceia. As **Igrejas ortodoxas** reconhecem sete: 1/. baptismo; 2/. **crisma**; 3/. eucaristia; 4/. penitência; 5/. ordem; 6/. matrimónio; 7/. **unção** das mãos.

SACRAMENTO DA ORDEM – Sacramento pelo qual um fiel se torna **diácono, padre** ou **bispo**: o diaconado, o presbiterado ou o episcopado são, assim, os três graus do sacramento. Ver: **sacerdócio**.

SACRIFÍCIO – do latim *sacrificare* "tornar sagrado". No **Antigo Testamento**, imolavam-se animais em oferta ritual a Iavé, como sinal de **adoração**, de **acção de graças**, de **expiação** ou de **aliança**. Ver: **holocausto**. Para os **cristãos**, o único e verdadeiro sacrifício é o de Jesus morto na **cruz** em expiação pelos **pecados** dos homens: o santo sacrifício da **missa** perpetua o sacrifício de **Cristo**.

SACRIFÍCIO DE ABRAÃO – Segundo o *Génesis*, Deus ordenou a **Abraão** que lhe sacrificasse o filho Isaac. No último momento, um **anjo** suspendeu o braço do **patriarca** e Isaac foi salvo.

SACRILÉGIO – do latim *sacer* "sagrado" e de *légere* "tirar". Acto que constitui um atentado ao **sagrado** (*cometer um sacrilégio*); a pessoa que comete esta violação é um sacrílego. Ver: **blasfémia, profanar.**

SACRISTÃO – Homem que, na igreja, tem a seu cargo o arranjo e guarda da sacristia; mais genericamente, aquele que se emprega habitualmente nos arranjos de uma igreja, em ajudar à missa, etc.

SACRISTIA – Local contíguo ao **coro**, que serve para arrumação dos **paramentos litúrgicos** e das **alfaias sagradas**.

SACRO COLÉGIO – Nome que se dá ao conjunto de todos os **cardeais**.

SADUCEUS – Seita judaica da aristocracia sacerdotal, no tempo de Jesus. Os saduceus eram rivais dos **fariseus**, cujo rigorismo não partilhavam; negavam a **ressurreição dos mortos** e a vinda de um **Messias**; opuseram-se a **Cristo**.

*SAGRADA CONGREGAÇÃO PARA A PROPAGAÇÃO DA FÉ – Instituição criada pela **Santa Sé** em 1622, que assim decidiu empenhar-se directamente na evangelização da Ásia, criando simultaneamente vicariatos dependentes de Roma, e restringindo dessa maneira a acção do **padroado** português no Oriente aos territórios que Portugal efectivamente dominava.

SAGRADA FAMÍLIA – Assim se designa a família formada pela **Virgem** Maria, o seu esposo José e o Menino Jesus. Inúmeros artistas representaram a Sagrada Família (por vezes, com S. João Baptista criança). A Sagrada Família é festejada no 1º **domingo** após a **epifania**. Ver: **visitação**.

SAGRADO – É sagrado tudo o que se relaciona com Deus e com o **culto** que lhe é prestado. O sagrado opõe-se ao **profano**: misturar o sagrado ao profano equivale a **profaná**-lo, ou seja, retirar-lhe o seu carácter próprio, feito de intangibilidade. Ver: **blasfémia, consagração, profanação, sacramento, santo, santuário, alfaias sagradas.**

SAGRADO CORAÇÃO – Na **Igreja católica**, o coração de Jesus é objecto de um **culto** especial, na medida em que é o símbolo da sua humanidade e do seu **amor** pelos homens (a devoção ao Sagrado Coração de Jesus). O Sagrado Coração de Jesus celebra-se na 6ª feira da 3ª semana após o **Pentecostes**.

SALA DO CAPÍTULO – Sala onde se reúne o **capítulo** de um **mosteiro**, de um **convento** ou de uma **catedral**.

SALESIANOS – Padres da Congregação Salesiana, fundada em finais do século XIX por S. João Bosco, em Turim, Norte da Itália e que se dedicam à educação da juventude. Um dos **patronos** principais da congregação é S. Francisco de Sales.

SALMOS – Cantos ou poemas religiosos, em número de 150, formando um **livro** do **Antigo Testamento**, tradicionalmente atribuídos ao rei David; na realidade, foram escritos por diversos salmistas em diversas épocas. Os seus temas são os mais variados: **adoração, contrição**, súplica, **acção de graças**... São cantados, recitados ou *salmodiados*. Ver: *De Profundis, Miserere,* **saltério.**

SALTÉRIO – Colectânea de salmos. Ver: **antifonário.**

SALVAÇÃO – do latim *salus (salutis)* "boa saúde". O facto de termos sido salvos do estado de **pecado** e da **condenação** eterna. A expressão "obter a salvação" supõe que o indivíduo tem um papel activo na obtenção do seu **resgate**. Ver: **bem-aventurança, graça, redenção.**

SALVADOR – Título dado a **Cristo** que, pelo seu **Sacrifício**, *salva* os homens do seu **pecado**. Ver: **redenção.**

SALVE REGINA – Com estas duas palavras em latim, que significam "Salve, Rainha", começa uma oração muito popular dirigida a **Nossa Senhora**.

SAMARITANO – Ver: **bom samaritano.**

SANCTUS

SANCTUS – Após o prefácio, a assembleia dos fiéis reza ou canta um hino de louvor que começa por *Sanctus*... "Santo..." Ver: **liturgia eucarística, Sabaoth.**

SANTA FACE – Chama-se assim a imagem de **Cristo,** tal como a **tradição** nos diz que ela nos foi deixada milagrosamente pelo próprio Cristo: Jesus teria reproduzido os traços do seu rosto, ao limpá-lo a uma toalha (em grego, *mandylion*), com destino ao rei Abgar de Edessa (daí o nome que também se lhe dá de "imagem de Edessa"). Na **liturgia ortodoxa**, celebra-se a 16 de Agosto o aniversário da transferência solene da Santa Face para Constantinopla, onde foi venerada como uma imagem **aquiropoética.** Desapareceu em 1204, na altura da 4ª **cruzada**. Ver: **Santo Sudário, verónica.**

SANTA SÉ – Sinónimo de **Sé apostólica.**

SANTAS MULHERES – São assim chamadas as mulheres que, ao lado de Maria, mãe de Jesus, assistiram à **Paixão** e foram as primeiras testemunhas da **Ressurreição**. São elas: Maria-Jacobé, irmã de Nossa Senhora; Maria Salomé e Maria de Mágdala, dita Maria Madalena, que a tradição identifica com Maria, irmã de Marta e de Lázaro.

SANTIDADE – Qualidade de um santo ou de uma coisa santa. Precedido por um possessivo, é um título reservado ao papa (*Sua Santidade João Paulo II*). Ver: **abade, dom, eminência, excelência, monsenhor, padre, reverendo.**

SANTÍSSIMA TRINDADE – A festa da Santíssima Trindade celebra-se no 1º domingo depois do **Pentecostes**. Ver: **Trindade.**

SANTÍSSIMO SACRAMENTO – Sinónimo de **eucaristia**, o sacramento por excelência. Mais precisamente, o Santíssimo Sacramento é a **hóstia** consagrada exposta à **adoração** dos **fiéis**, no repositório de Quinta-Feira Santa ou transportada em **procissão**, no dia do **Corpo de Deus**. A presença do Santíssimo Sacramento no altar é indicada por uma lamparina ou uma lâmpada vermelha acesa. Ver: **tabernáculo.**

SANTO – do latim *sanctus* "sagrado, inviolável". O adjectivo "santo" aplica-se unicamente a Deus, que é puro e perfeito. Tem igualmente direito a este qualificativo tudo o que se aproxima da perfeição divina ou tudo aquilo que a recorda (*um santo homem, pensamentos santos*). O título de santo é concedido, após a sua morte, àqueles em quem a Igreja reconhece a perfeição espiritual: são apresentados como exemplo e é-lhes prestado um culto público. Ver: **beatificação, beato, bem-aventurado, cânon dos santos, canonização, comunhão dos santos, santidade, venerável.**

SANTO CRISMA – Ver: **crisma.**

SANTUÁRIO

SANTO DOS SANTOS – O espaço mais sagrado do **templo** de Jerusalém, precedido pelo santo e fechado por um **véu**, que abrigava a **Arca da Aliança** com as Tábuas **da Lei**. Só o sumo sacerdote aí entrava, uma vez por ano, no dia do Grande Perdão. Ver: **querubim, santuário, tabernáculo.**

SANTO ESPÍRITO – Ver: **Espírito Santo**

SANTO OFÍCIO – Congregação estabelecida em Roma por Paulo III em 1542, para dirigir os inquisidores e constituir um tribunal supremo da **Inquisição**. Em Espanha e em Portugal, o tribunal do Santo Ofício travou uma luta implacável contra os **hereges**, os **Judeus** e os Mouros. Ver: **auto-de-fé, marranos, mouriscos, reconquista.**

SANTO PADROEIRO – do latim *patronus* "protector", derivado de *pater* "pai". Santo do qual cada baptizado usa o nome e sob cuja protecção está colocado. Ver: **anjo da guarda**. Uma paróquia, uma corporação, uma confraria, um país têm igualmente o seu santo patrono. Ver: **dedicação, intercessão.**

SANTO SEPULCRO – Túmulo de Cristo, em Jerusalém, onde vão os peregrinos. Na Idade Média, quando foi tomado pelos Turcos, lançaram-se as cruzadas para o libertar. Ver: **lugares santos, Terra Santa.**

SANTO SUDÁRIO – do latim *sudarium* "pano branco para limpar o suor do rosto". Expressão utilizada para designar o lençol que envolveu o corpo de **Cristo** e que teria chegado até nós sob a forma de um lençol apresentando miraculosamente gravada a efígie do **crucificado**. O santo sudário de Turim. Ver: **aquiropoético, Santa Face, verónica.**

SANTORAL – Ao longo do ano **litúrgico**, conforme se desenrola o **temporal**, vão-se intercalando em datas fixas, as festas dos diferentes santos que constituem o santoral. Ver: **próprio.**

SANTOS INOCENTES – Ver: **matança dos inocentes**

*****SANTOS ÓLEOS** – Do grego *élaion* "azeite de oliveira, unguento". Azeite consagrado, que serve para a **unção** dos **fiéis** na recepção dos santos **sacramentos (baptismo, confirmação, extrema-unção)**. Os santos óleos são benzidos pelo **bispo** todos os anos na **Quinta-Feira Santa**. Ver: **Cristo, crisma.**

SANTUÁRIO – do latim *sanctus* "sagrado". No **Templo** de Jerusalém, era o **santo dos santos**. Numa **igreja**, é o lugar onde se encontra o **altar** e onde se celebra o **sacrifício** da **eucaristia**. Ver **coro, presbitério**. De uma forma genérica, chama-se santuário um local de culto no seu conjunto. Ver: **basílica, capela, templo.**

SARÇA ARDENTE

SARÇA ARDENTE – Foi numa sarça ardente, que ardia sem nunca se consumir, que Deus se dirigiu a Moisés, ordenando-lhe que libertasse os seus irmãos hebreus da escravatura do Egipto. Ver: **teofania**.

SATÃ – Nome hebraico dado ao demónio, significando "inimigo, adversário". Ver: **diabo**.

SATISFAÇÃO – Último momento do **sacramento** da **penitência**, no decurso do qual o fiel agradece a Deus a **absolvição** recebida. Também se designa por **penitência**.

SCRIPTORIUM – *Atelier* onde eram copiados e iluminados os manuscritos, num mosteiro. Ver: **antifonário, Livro de Horas, saltério**.

*SÉ – Ver: **catedral**.

SÉ APOSTÓLICA – Sinónimo de **Santa Sé** (a **cátedra** do **apóstolo** Pedro, símbolo do poder **pontifício**).

SECRETA – Nome dado antigamente à oração que terminava o ofertório e que o oficiante rezava em voz baixa.

SECULAR – Próprio do século, ou seja, do mundo e da sua realidade variável. Distingue-se o **clero** secular, que vive no **século** (um pároco, por exemplo) e o clero **regular**, que obedece a uma **regra** (um **monge** de clausura, por exemplo). Ver: **leigo, profano**.

SÉCULO – A palavra designa *a vida no mundo* que muda com o tempo, em oposição com *a vida religiosa*, fundamentada em valores eternos (*deixar o século, para entrar num convento*). Ver: **secular**.

*SEDE VACANTE – Sede onde falta o **prelado**, por motivo de falecimento, deposição, transferência ou renúncia.

SEDIA GESTATORIA – Designa a cadeira de cerimónia em que o **papa** é transportado em certas ocasiões solenes.

SEMANA SANTA – Semana que precede o **Domingo de Páscoa**. É um período de intenso fervor, no decurso do qual se comemora a **Paixão e Morte** de Cristo. Ver: **Quinta-Feira Santa, Sexta-Feira Santa, Sábado Santo, tríduo**.

SEMEADOR – A **parábola** do semeador ilustra as diferentes maneiras de receber a **Palavra**. Ver: **joio, cizânia**.

SEMINÁRIO – do latim *seminarium* "viveiro". Estabelecimento onde se formam os futuros **sacerdotes**. Os seminários foram instituídos pelo **concílio** de Trento (1563). Utiliza-se a expressão "seminário maior" para distinguir os estabelecimentos de ensino superior, das escolas secundárias ditas **católicas**, também chamadas "seminários menores", frequentados

SERPENTE

por crianças que não se destinam necessariamente ao sacerdócio. Ver: **ordem, sacerdócio, vocação.**

SENHOR – Nome dado a Deus, correspondente ao hebraico *Adonai*, no **Antigo Testamento**, e ao latim *Dominus*, na liturgia (*Dominus vobiscum* "O Senhor esteja convosco"). Ver: **rabi.**

*SENHOR DOS PASSOS – Imagem de **Jesus**, vestido de roxo, representado em atitude de carregar a **cruz**, a caminho do **Calvário**. Figura de primeira importância nas **procissões** da **Semana Santa** e alvo de grande devoção popular.

SENSÍVEL – Oposto ao mundo inteligível, o mundo sensível é este mundo onde vivemos e que se pode conhecer através dos sentidos.

SEPARAÇÃO DA IGREJA E DO ESTADO – Regime onde a **religião** se torna uma manifestação individual, de ordem privada, e que garante a liberdade de **culto**.

SEPTUAGÉSIMA – do latim *(dominica in) Septuagesima*, "domingo na 7ª dezena antes da Páscoa". O domingo da Septuagésima era o 3º **domingo** antes da **Quaresma** e o 9º antes da **Páscoa**. Antes da reforma de 1969, o **tempo** da Septuagésima com os seus três domingos (Septuagésima, Sexagésima e Quinquagésima) preparava para a Quaresma (coincidindo com o período de **carnaval**); actualmente, este tempo faz parte do tempo ordinário. Ver: *aggiornamento.*

SEPULCRO – Ver: **Santo Sepulcro.**

SEQUÊNCIA – do latim *sequentia*, derivado do verbo *sequi* "seguir". Na **missa**, cântico que segue o **aleluia** ou o **tracto**, antes da leitura do **Evangelho**.

SERAFIM – do hebraico *saraph* "ardente". **Anjo** da 1ª hierarquia. Ver: **hierarquias angélicas**. Na iconografia, é hexáptero: tem o aspecto de um rosto, rodeado por três pares de asas vermelhas. Ver: **arcanjo, querubim.**

SERMÃO – do latim *sermo (sermonis)* "conversação". Discurso pronunciado (antigamente, do alto do **púlpito**), por um pregador **católico**, destinado a instruir os **fiéis**. Ver: **homilia, prédica, pregação, prática.**

SERMÃO DA MONTANHA – Ensino ministrado por Jesus (de que os **Evangelhos** dão conta), que começa com as **bem-aventuranças** e continua com numerosas **parábolas**. Ver: **bem-aventuranças.**

SERPENTE – O tentador do *Génesis* apareceu a Adão e Eva sob a forma de uma serpente insidiosa. Ver: **Satã.**

SERVITAS

SERVITAS – Ordem fundada em 1233 por sete mercadores florentinos. São os *Servi Beatae Mariae* os "Servidores de Maria". Ver: **ordens mendicantes**.

SETENTA (VERSÃO DOS) – Primeira tradução da **Bíblia hebraica**. Nos séculos III e II a. C., em Alexandria, fez-se uma tradução para grego do texto sagrado, em atenção aos **Judeus** helenizados que viviam no Egipto. Segundo a lenda, setenta especialistas, trabalhando separadamente, teriam chegado miraculosamente a uma única tradução (daí o nome de **Tradução dos Setenta**). Ver: **Vulgata**.

*SEXAGÉSIMA – do latim *dominica in sexagesima* "domingo na 6ª dezena" antes da **Páscoa**. Ver: **Septuagésima**.

SEXO DOS ANJOS – Nos séculos XIV e XV, enquanto Constantinopla era ameaçada pelos Turcos, os **teólogos bizantinos**, imperturbáveis, continuavam a debater pontos subtis da **doutrina**, como o do sexo dos **anjos**.

SEXTA – do latim sexta (hora), "hora sexta". A hora de sexta, é a 4ª hora do ofício divino, cantada pelos monges à sexta hora do dia (por volta do meio dia):

SEXTA-FEIRA SANTA – É um dia de **penitência** e de luto para todos os **cristãos**. Nas igrejas despojadas (Ver: **Quinta-Feira Santa**), celebra-se a **Paixão** e a Morte do **Senhor**. Depois das **orações**, adora-se a **cruz**, depois comunga-se com **hóstias** consagradas na véspera. Nesse dia, tem lugar a **via-sacra**. Ver: **Semana Santa, tríduo**.

SIBILA – No mundo greco-romano, as sibilas eram mulheres capazes de prever o futuro. Pronunciavam palavras *sibilinas*. A **tradição cristã** reconheceu-lhes dons proféticos: as sibilas foram pintadas por Miguel Ângelo ao lado dos **profetas**.

SÍMBOLO – do grego *symbolon* "sinal de reconhecimento". A **Igreja** primitiva deu o nome de símbolo aos textos que resumem a **fé**. Ver **símbolo dos apóstolos, símbolo niceno-constantinopolitano**.

SÍMBOLO DOS APÓSTOLOS – Texto que remonta ao século II e que constitui o *Credo*, **profissão de fé** comum a todos os **cristãos**.

SÍMBOLO NICENO-CONSTANTINOPOLITANO – Texto elaborado no final dos **concílios** de Niceia (325) e de Constantinopla (381) e que constitui um resumo da **fé cristã**, tal como continua a ser professada pelas **Igrejas ortodoxas**. Este símbolo constitui igualmente o *Credo* da Igreja **católica**, ao qual se acrescentou o *"Filioque"*. Ver: **símbolo dos apóstolos**.

SIMONIA – Simão, o mágico, referido nos *Actos dos Apóstolos*, foi o primeiro *simoníaco*: pretendeu comprar os dons que Pedro tinha recebido do **Espírito**. A simonia designa todo o comércio de bens **espirituais** por parte de pessoas da Igreja, ávidas de dinheiro. Ver: **indulgências, nepotismo.**

SINAGOGA – do grego *synagogé* "assembleia". Além de indicar o local de culto dos **Israelitas**, a palavra (com maiúscula) pode indicar também o conjunto do povo **judaico**. Na iconografia medieval, opunham-se, sob o aspecto de duas mulheres, a **Igreja** clarividente e a Sinagoga de olhos vendados.

SINAL DA CRUZ – Gesto que recorda a **cruz** e invoca a **Trindade**: assinala a piedade dos **católicos** e dos **ortodoxos**; pode ser acompanhado por uma **genuflexão**. De acordo com o **rito** católico, o **fiel** diz: «*Em nome do Pai* (com a mão direita toca na testa), *do Filho* (toca no peito); *e do Espírito Santo* (toca no ombro esquerdo); *Ámen* (ombro direito)». Ver: **bênção, pia da água benta, benzer-se.**

SINÉDRIO – do grego *synédrion* "assembleia". Conselho dos **escribas** e dos anciãos, tribunal religioso e civil que reunia sob a presidência do sumo sacerdote, em frente do **templo**. Jesus, depois de ter sido preso, compareceu perante o Sinédrio reunido sob a presidência de Caifás, antes de ser levado ao governador romano, Pôncio Pilatos. Ver: **Paixão.**

*****SINO DE ORAÇÃO** – O toque das **avé-marias**. Ver: **(O toque das) Trindades.**

SÍNODO – do grego *synodos* "reunião". Conforme as **Igrejas** e as épocas, a palavra remete para diversos tipos de assembleia. Entre os **ortodoxos**, o sínodo é a reunião dos **bispos** que assistem o **patriarca** (e procedem à sua eleição). Entre os **protestantes**, os sínodos *regionais* agrupam delegados saídos das **paróquias**; os sínodos nacionais emanam dos sínodos regionais. Entre os **católicos**, o sínodo dos bispos (instituído em 1965) reúne periodicamente em redor do **papa**; os sínodos diocesanos (instituídos em 1983) agrupam por um ano delegados de origens diversas numa perspectiva de renovamento pastoral. Ver: **concílio.**

SINÓPTICOS – O prefixo *syn-* sugere uma ideia de reunião no tempo e no espaço. Os Evangelhos **sinópticos** são os que propõem uma mesma *visão*; trata-se dos três primeiros evangelhos (Mateus, Marcos e Lucas) que apresentam numerosas semelhanças. O Evangelho de João não faz parte dos sinópticos, pois a sua maneira de evocar os actos e as palavras de Jesus é de uma natureza diferente. Ver: **joânico.**

SJ – As duas letras que, colocadas após o nome de um religioso, indicam que pertence à *Societatis Iesu*, "Sociedade de Jesus". Ver: **jesuítas.**

SOBERANO PONTIFÍCE

SOBERANO PONTÍFICE – Os pontífices da antiga Roma eram sacerdotes dedicados a uma ligação (uma ponte sagrada), daí o seu nome. O imperador, tendo-se tornado o primeiro de entre eles, foi chamado *pontifex maximus*, título depois retomado pelo **papa, bispo** de Roma, que tem autoridade sobre o conjunto do **clero católico**.

SOBREPELIZ – do latim *super* "sobre" e *pellicius* "peliça". Veste branca, de linho ou algodão, de mangas largas e às vezes ornada com rendas, usada pelos **clérigos** por cima da **batina** ou do **hábito** religioso e que desce até aos joelhos. Substitui a **alva** na administração dos **sacramentos**, nas **procissões** e noutras cerimónias semelhantes. Ver: **paramentos litúrgicos, roquete**.

SOLIDÉU – do latim *soli* "só" e *Deo* "a Deus", nome de uma pequena calote em tecido (semelhante à *kippa* dos **Israelitas**), utilizada pelos **eclesiásticos** a cobrir a **tonsura**: o do **papa**, é branco, o dos **cardeais**, vermelho; o dos **bispos**, roxo. Ver: **barrete, tiara, tonsura**.

*****SOROR** – Título já caído em desuso, dado às **religiosas** de ordens de clausura ou não (*Soror Mariana Alcoforado*). Ver: **irmã, madre**.

SOTAINA – do italiano *sottana* "vestido". Longa túnica abotoada à frente e apertada por uma larga faixa, usada pelos **eclesiásticos católicos** até cerca de 1960. Ver: **batina**.

STABAT MATER – É por estas palavras que começa uma oração em latim, atribuída ao poeta **franciscano** Jacopone da Todi (1230-1306), na qual se evoca o sofrimento de Maria aos pés da **cruz**: *Stabat Mater dolorosa...* "Ali estava ela, a mãe sofredora...". Ver: *pietà*.

*****SUBDIÁCONO** – Clérigo que tinha a ordem maior imediatamente anterior à de diácono. Na Igreja grega, o subdiaconado inclui o acolitado e o ostiariado; na Igreja latina, desde o século XI, começou a ser comumente incluído entre as ordens maiores, distinguindo-se pela entrega do cálice com a patena e do livro das Epístolas. Foi extinta juntamente com as ordens menores em 1972.

SUMAS TEOLÓGICAS – Na Idade Média, vários doutores redigiram sumas **teológicas**, obras importantes que ofereciam uma síntese racional da doutrina **cristã**, fundada na interpretação quádrupla das **Escrituras**: literal, moral, mística e alegórica (*Suma Teológica* de S. Tomás de Aquino). Ver: **escolástica, tomismo**.

SUPERIOR – do latim *super* "acima de". **Religioso ou religiosa** que está à frente de uma comunidade, de um **convento**. Ver: **abade, prior**.

TABERNÁCULO – do latim *tabernáculum* "tenda". Pequeno armário fechado com chave, colocado no meio do **altar** ou noutro local do **coro**, destinado a receber a **píxide** contendo as **hóstias** consagradas. Ver: **Santíssimo Sacramento**. A palavra designa também o **santuário** itinerante, utilizado pelos **Hebreus** para abrigar a **Arca da Aliança**, antes da construção de **templo** de Jerusalém. Ver: **conopeu, véu do templo.**

TÁBUAS DA LEI – As duas placas de pedra em que estavam gravados os **mandamentos** e que Moisés recebeu de Deus no monte Sinai, de acordo com o *êxodo*. Ver: **Arca da Aliança, decálogo.**

TALENTOS – Na **parábola** dos talentos, a palavra "talento" tem o seu primeiro sentido de unidade monetária de grande valor. Na narrativa de Jesus, "talento" adquire o seu segundo sentido, de "aptidão", "dádiva do céu". Ver: **carisma.**

TALIÃO – do latim *talis* "semelhante". De acordo com o *Êxodo*, o castigo infligido a um culpado deve corresponder exactamente ao agravo cometido. É a lei dita de talião: "Olho por olho, dente por dente". Jesus ultrapassou esta lei, propondo o **perdão**. Ver: **expiação.**

TAU – A letra grega *T* (tau) ocupa um lugar particular na **tradição cristã**, pelo facto de se assemelhar à **cruz** de **Cristo** (*o tau dos cónegos de S. Antão*).

TAUMATURGO – do grego *thauma* "milagre" e de *érgon* "trabalho". Aquele que opera milagres. Na Igreja católica, deu-se este nome a vários santos que se tornaram célebres pelo número e notoriedade dos seus milagres, por exemplo S. António de Lisboa, S. Francisco de Paula, S. Francisco Xavier e outros.

TE DEUM – Cântico de louvor e de **acção de graças**: *Te Deum laudamus...* "Nós te louvamos, ó Deus..."

TEMPERANÇA – Uma das quatro **virtudes cardinais**.

TEMPLÁRIOS

TEMPLÁRIOS – **Ordem** religiosa e militar (Ordem do Templo), fundada em Jerusalém em 1118, na sequência da 1ª **cruzada**, a fim de proteger os **lugares santos** reconquistados. Após a queda dos Estados latinos do Levante (1291), os Templários fixaram-se na Europa, onde as suas riquezas despertaram grande cobiça. Filipe IV, o Belo, depois de um implacável processo, conseguiu do papa Clemente V (1312) a extinção da ordem. Os seus bens foram entregues aos **hospitalários**.

TEMPLO – Templo de Jerusalém, construído por Salomão para alojar a **Arca da Aliança**, destruído em 587 a. C., reconstruído após o **cativeiro de Babilónia**, embelezado por Herodes, o Grande, e destruído definitivamente em 70 d. C.

TEMPO PASCAL – Tempo que dura sete semanas, desde a **vigília da Páscoa** até ao sábado do **Pentecostes,** no decurso do qual se celebra a **ressurreição.**

TEMPORAL – do latim *temporalis,* derivado de *tempus (temporis)* "tempo". O conjunto das festas que celebram a vida, a morte e a ressurreição de Cristo. Compõe-se essencialmente de dois grandes ciclos: o ciclo do **Natal** e o ciclo da **Páscoa**. Ver: **próprio, santoral**. Noutra acepção, é o oposto de **espiritual**; o temporal é tudo aquilo que faz parte do domínio do tempo e, portanto, das coisas materiais. Ver: **profano, secular, sensível.**

TÊMPORAS – À entrada de cada estação, em Junho para as ceifas, em Setembro para as vindimas, em Dezembro para as sementeiras e a apanha da azeitona, em Março para o despertar da Natureza, a **Igreja católica** prescrevia três dias de **jejum** e de **oração**. Por exemplo, as Têmporas do **Advento** eram na 4ª feira, 6ª feira e sábado que precediam o último **domingo** de Advento, último domingo antes do Natal.

TEMPOS LITÚRGICOS – Chamam-se assim os diferentes períodos que compõem o **ano litúrgico** (*o tempo do advento, o tempo pascal...*) Ver: **têmporas.**

TENTAÇÃO – Desde as origens e desde o **pecado original**, o homem tem estado sujeito à tentação, posto à prova e impelido a fazer o **mal**. Após 40 dias de solidão no **deserto**, Jesus foi tentado três vezes por Satã. Ver *Vade retro, Sátanas*. As tentações de S. Antão inspiraram pintores e escritores. Ver: **anacoreta.**

TEOCRACIA – do grego *theós* "Deus" e *krátos* "poder". Regime político em que o *poder civil* está submetido ao *poder religioso*. Ver **laicismo**. Na Idade Média, a teocracia pontifícia é a reivindicação por parte dos **papas**, em luta contra os imperadores, da soberania **espiritual**

e da soberania **temporal**. Ver: **cesaropapismo, luta entre o sacerdócio e o império, questão das investiduras.**

TEOFANIA – do grego *theofania*, o termo significa aparecimento de Deus, como nos episódios da **sarça ardente** ou da **transfiguração**. Ver: **epifania.**

TEOLOGAL – Ver: **virtudes teologais.**

TEOLOGIA – do grego *theós* "Deus" e *lógos* "discurso". Ciência que tem por objecto Deus e as coisas divinas, à luz da **revelação**; fundamenta-se nas **Escrituras**, no **dogma** e na **tradição**. Ver: **apologética, casuística, patrística, escolástica.**

TEOLOGIA DA LIBERTAÇÃO – Chama-se assim à tomada de posição progressista de alguns membros do **clero**, a partir dos anos 60, em favor dos deserdados da sorte e na defesa dos direitos humanos, particularmente no Terceiro Mundo. Monsenhor Helder Câmara (1909-1999) foi o seu mais conhecido representante. Ver: *aggiornamento.*

TERÇA – do latim *tertia (hora)* "a terceira hora". É 3ª hora do **ofício divino**, cantada pelos **monges** à 3ª hora do dia (por volta das 9 horas da manhã).

TERÇA-FEIRA GORDA – Último dia de **carnaval**. Assim chamada por se poder comer carne pela última vez, antes dos **dias magros** da **Quaresma**. Ver: **Quarta-Feira de Cinzas, Domingo Gordo.**

TERÇO – do latim *tertius* "um terço". Espécie de colar, constituído por 50 contas, que o **fiel** faz deslizar por entre os dedos, à medida que vai rezando as 50 **Avé-marias**, cada dezena ou mistério precedido pela reza de um **Pai-nosso** e terminado por um **Glória ao Pai**. Inicialmente, a reza completa constava de 150 Avé-Marias, como uma grinalda de rosas oferecidas à Virgem. Ver: **rosário.**

TERRA PROMETIDA – O país de Canaã (a Palestina), prometido por Deus a Abraão, ao seu povo e a toda a sua descendência. Ver: **exílio, êxodo.**

TERRA SANTA – Terra pisada por **Cristo** no decurso da sua existência terrestre, na Palestina. Ver: **cruzadas, lugares santos, Santo Sepulcro.**

TESTAMENTO – do latim *testamentum*, que traduz a palavra hebraica *berith* "aliança". A **Bíblia cristã** compõe-se de dois testamentos: o **Antigo Testamento**, que corresponde à Bíblia **hebraica** anterior a Cristo; e o **Novo Testamento**, consecutivo à vinda de Cristo. O Antigo Testamento é o da **Antiga Aliança**, o Novo Testamento o da **Nova Aliança.**

TESTEMUNHAS DE JEOVÁ

TESTEMUNHAS DE JEOVÁ – Movimento **adventista** fundado em 1878 em Pittsburgh por C. T. Russel. De inspiração bíblica, antitrinitária, a doutrina das Testemunhas de Jeová (que recusam o serviço militar, o voto, as transfusões de sangue) insiste na iminência do **Juízo Final**.

TETRAGRAMA – Palavra formada com as quatro consoantes YHWH, transcrição latina das letras hebraicas que compõem o nome de Deus, revelado a Moisés no monte Sinai. Este nome pode ser escrito e lido com os olhos, mas não pode ser pronunciado: os **Israelitas**, para não o dizerem, substituíam-no pela palavra **Adonai**, que significa "meu Senhor". Ver: **Javé**.

TETRAMORFO – do grego *tetra* "quatro" e *morphé* "forma". Os símbolos dos quatro **Evangelistas**: o *anjo* de S. Mateus; o *leão* de S. Marcos; o *touro* de S. Lucas; a *águia* de S. João. Ver **atributos dos santos**

THEÓTOKOS – Palavra grega que significa "Mãe de Deus". O **concílio** de Éfeso (431) ao declarar Maria "Mãe de Deus", como consequência da dupla **natureza** de **Cristo**, a *humana* e a *divina*, indivisível no seio da sua **Pessoa** única, opôs-se ao nestorianismo, afirmando que Maria não é Mãe apenas de Jesus enquanto homem, é igualmente Mãe de Jesus enquanto Filho de Deus feito homem. Ver: **nestorianismo**.

TIARA – Palavra de origem persa. Cobertura rígida de forma cónica, usada na cabeça, ornada de três coroas sobrepostas, que o papa usava em certas solenidades. As três coroas, chamadas "trirreino", simbolizavam os três poderes: imperial, real e sacerdotal. Este sinal da teocracia pontifícia foi abandonado por Paulo VI. Ver: *sedia gestatoria*.

TÍMPANO – Os portais das **catedrais** românicas ou góticas são encimados por um tímpano (espaço entre o lintel da porta e a arquivolta), a maior parte das vezes esculpido, representando um Cristo em majestade, um Juízo Final, uma Coroação de Nossa Senhora, uma Ceia... Ver: **Adro**.

TODOS OS SANTOS – A festa **católica** de Todos os Santos é celebrada no dia 1 de Novembro, em honra de todos os **santos**. Ver: **Comunhão dos Santos**. A Festa de Todos os Santos não deve confundir-se com a festa dos Fiéis defuntos, celebrada um dia depois, a 2 de Novembro.

TOMADA DE HÁBITO (ou de véu) – Ver: **vestidura**.

TOMISMO – Doutrina do dominicano S. Tomás de Aquino (1225-1274). O termo faz sobretudo alusão aos seus esforços de conciliação entre o pensamento de Aristóteles e o dogma cristão, afirmando, contudo, a primazia da **teologia** em relação à filosofia, a que chama *ancilla Theo-*

logiae "serva da teologia". O tomismo foi declarado filosofia oficial da Igreja católica por Leão XIII (1879). Ver: **augustinismo, escolástica.**

TONSURA – Um corte de cabelo no cimo da cabeça, de forma circular, permitia distinguir um **eclesiástico**. A grande tonsura indicava as **ordens maiores**, a pequena tonsura as **ordens menores**. Tal costume foi abolido pelas reformas do Vaticano II. Ver: **batina.**

TORA – Ver: **pentateuco.**

TORRE DE BABEL – Segundo o *Génesis*, os homens começaram a construir esta torre para se aproximar do céu. Para castigar o seu orgulho, Deus introduziu a diversidade das línguas e dispersou as raças.

TOURO – Ver: **tetramorfo.**

TRACTO – do latim *tractus* "cantado de uma assentada". **Salmo** cantado na **missa**, após o **gradual** e antes da leitura do **Evangelho**.

TRADIÇÃO – do latim *trádere* "transmitir". A tradição, que se junta às **Escrituras**, é a palavra de **Cristo** transmitida e enriquecida de geração em geração, no seio da **Igreja**.

TRANSCENDÊNCIA – do latim *trans-* "além de" e *ascéndere* "subir". Afirmar a transcendência de Deus é reconhecer que ele pertence a outro mundo. Ver: **imanente.**

TRANSEPTO – do latim *trans-* "através de" e *saeptum* "recinto". **Nave** que corta em ângulo recto o eixo principal de uma **igreja**, dando a todo o conjunto **a planta em cruz latina**. Quando se fala em *braço direito* ou *braço esquerdo* do transepto, subentende-se a partir da nave. Ver: **planta basilical, planta em cruz grega.**

TRANSFIGURAÇÃO – Episódio evangélico, no decurso do qual os **apóstolos** Pedro, Tiago e João viram Jesus *transfigurado*, irradiando divindade em companhia de Moisés e de Elias. A transfiguração festeja-se no Ocidente a 6 de Agosto. Ver: **teofania.**

TRANSUBSTANCIAÇÃO – Doutrina da **teologia católica**, segundo a qual o pão e o vinho da **missa** se tornam *realmente* corpo e sangue de Cristo, no momento da **consagração**. A palavra, adoptada pelo **concílio** de Latrão IV(em 1215, significa uma alteração total de substância: do pão e do vinho subsistem apenas as aparências (as **Espécies**). Neste ponto, as **Igrejas** reformadas têm pontos de vista diferentes. Ver: **ceia, consubstanciação, eucaristia, presença real.**

TRAPISTAS – Monges da **ordem** dos **cistercienses** reformados de estrita observância. Devem o seu nome ao **mosteiro** cisterciense de Nossa

TREVAS

Senhora da *Trapa*, reformado em 1664. A vida dos trapistas, feita de silêncio e de austeridade, divide-se entre a **oração** e o trabalho manual. Ver: **ofício divino, regra de S. Bento.**

*****TREVAS** – Nome dado às cerimónias e ofícios da 4ª, 5ª e 6ª feiras da Semana Santa. Às matinas e laudes dos três últimos dias da Semana Santa chama-se ofício de trevas.

TRIBOS DE ISRAEL – Segundo o *Génesis*, depois de ter lutado com o **anjo**, Jacob recebeu o nome de Israel ("que lutou com Deus"). Teve 12 filhos, que deram origem às doze tribos.

TRIDENTINO – Que se refere ao concílio de Trento, convocado pelo papa Paulo III em 1545. Ver: **Contra-Reforma, pós-tridentino.**

TRÍDUO – do latim *tres dies* "três dias". São assim chamados os três dias sagrados da Semana Santa: a **Quinta-Feira Santa**, a **Sexta--Feira Santa** e o **Sábado Santo.**

TRIFÓRIO – do latim *transforare* "perfurar". Galeria situada por cima das **naves laterais** de um **igreja** românica ou gótica e que dá para a **nave** central.

TRIGRAMA – Ver: *IHS*.

TRINDADE – Do latim *trinus* "triplo". A Trindade é o **mistério** de um Deus único em três **Pessoas, Pai, Filho e Espírito Santo**. Estas três Pessoas, distintas, iguais e **consubstanciais**, têm uma única **Natureza** divina. Ver: **hipóstase.**

*****TRINDADES (o toque das)** – Ver: **angelus, Avé-Marias (o toque das)** .

TRIRREINO – Ver: **tiara.**

TÚNICA – Manto com mangas, usado pelos subdiáconos durante a **liturgia**. Ver: **dalmática, paramentos litúrgicos.**

TURÍBULO – Vaso em que se queima o **incenso**, nas **igrejas**. Também se chama incensório. Ver: **turiferário, naveta.**

TURIFERÁRIO – do latim *thuriferarius*, derivado de *thus (thuris)* "incenso" e do verbo *ferre* "transportar". Pessoa que leva o **turíbulo** nas cerimónias litúrgicas e nas **procissões**.

ÚLTIMOS SACRAMENTOS – As participações de falecimento podem incluir a menção "*confortado com os últimos sacramentos*" ou "*fortalecido com os sacramentos da Santa Madre Igreja*", para indicar que ao moribundo foi ministrada a **extrema-unção** ou **unção dos doentes**. Ver: **viático**.

ULTRAMONTANISMO – Do latim *ultra* "além de" e *mons (montis)* "monte". Em França, os ultramontanos eram favoráveis à submissão à **Santa Sé** e à independência da **Igreja** em relação ao Estado. Opõe-se ao **Galicanismo**.

UNÇÃO – do latim *únguere* "ungir". Gesto ritual que consiste em ungir, marcar a fronte de um **fiel** com azeite benzido ou com os **santos óleos**, para atrair sobre ele a **Graça** divina. A unção ocorre no **baptismo**, na **confirmação**, na **extrema unção**, na **ordenação** de um **presbítero** ou de **um bispo**. Ver: **Cristo**.

UNÇÃO DO CRISMA – Ver: **crisma**.

UNÇÃO DOS DOENTES – Ver: **extrema-unção**.

UNGIDO – Ver: **Cristo, unção**.

UNIÃO HIPOSTÁTICA – No **Mistério** da **Encarnação**, duas **Naturezas**, uma divina e outra humana, estão unidas numa única **Pessoa**, chamada **hipóstase**, a Pessoa de **Cristo**. Ver: *Logos*, **Verbo**.

UNIATAS – do russo *unyia* derivado do latim *unio* "união". Sectores de algumas **Igrejas** de **tradição ortodoxa** que restabeleceram a *comunhão* com a **Igreja católica** romana, embora conservando os seus costumes e a sua *liturgia*. Ver: **maronitas**.

UNICIDADE – Para os **cristãos**, Deus é uno. A sua unicidade não é posta em causa pela sua **Trindade**. Ver: **monoteísmo, mistério, pessoa**.

UNIVERSAIS

UNIVERSAIS – Um universal é um termo aplicável a toda uma categoria de indivíduos da mesma espécie e do mesmo género. Por exemplo, o conceito "homem" faz parte dos universais. Na Idade Média uma querela opôs os nominalistas que consideravam os universais meras palavras e os **realistas** que pensavam que os universais tinham uma existência real. Ver: **escolástica**.

URBI ET ORBI – Por altura das grandes solenidades, o **papa** lança a sua bênção *Urbi et Orbi* "à cidade de Roma e ao Mundo".

URSULINAS – **Monjas** de uma **ordem** fundada no século XVI, sob o patrocínio de Stª Úrsula, e dedicada aos cuidados dos enfermos.

VACAS MAGRAS – A expressão (que se tornou familiar para indicar um período de grandes dificuldades económicas) é retirada do **Génesis**: o faraó do Egipto tivera um sonho em que sete vacas magras levavam a melhor sobre sete vacas gordas: José explicou o sonho como um aviso de que sete anos de grande produtividade seriam seguidos por sete anos de carestia.

VADE RETRO, SÁTANAS – "Para trás, Satã!" Foi com estas palavras que Jesus afastou o **diabo** que viera tentá-lo no **deserto**. **Cristo** não sucumbiu à **tentação**. Ver: **pecado original**.

VALDENSES – Movimento fundado pelo mercador lionês Pierre Valdès, que, por volta de 1170, distribuiu todos os seus bens e pregou a **pobreza** e o regresso ao **Evangelho**. Recusando os **sacramentos** e toda a hierarquia, os valdenses, chamados "pobres de Lyon", foram excomungados em 1184. Combatidos pela **Igreja** como **hereges**, acabaram por se reunir ao **protestantismo** no século XVI. Actualmente, os valdenses estão confinados a alguns vales alpinos do Piemonte italiano. Ver: **excomunhão, patarinos, reforma**.

VENDILHÕES DO TEMPLO – No recinto do **templo** de Jerusalém, estavam instalados cambistas e vendedores de animais destinados aos **sacrifícios**. Jesus expulsou-os com violência, acusando-os de profanarem o lugar sagrado.

VENERAÇÃO – Respeito devido aos **anjos** e aos **santos**, aos objectos **sagrados** como os **ícones** e as **relíquias**. Ver **blasfémia, sacrilégio**. Distingue-se veneração e **adoração**: *venera*-se o ícone de Cristo e *adora*-se a divindade que através dele se revela. Ver: **contemplação, dulia, hiperdulia, latria**.

VENERÁVEL – Num processo de canonização há três fases. O fiel que morreu "em odor de santidade" pode ser declarado, sucessivamente, venerável, **beato** ou **bem-aventurado** e **santo**.

VERBO

VERBO – Nome dado à 2ª **Pessoa** da **Santíssima Trindade**, o **Filho de Deus**, Jesus Cristo (*e o Verbo se fez carne*). Ver: ***Logos*, Encarnação**.

VERÓNICA – do latim *vera ícona* "verdadeira imagem". Segundo uma lenda tardia, pano onde teriam ficado gravados os traços do rosto de **Cristo**, durante o caminho para o **Calvário**. O nome de Verónica foi atribuído à **santa mulher** que teria estendido esse pano a Jesus. Ver: **aquiropoético, Santa-Face, Santo Sudário**.

VERSÍCULO – Em 1551, o impressor Robert Estienne teve a ideia de separar os **capítulos** dos diferentes **livros** da **Bíblia**, a fim de facilitar a localização de qualquer citação. Assim, Lc 17, 20-21, remete para os versículos 20 e 21 do capítulo 17 do **Evangelho** segundo S. Lucas. Ver: **capítulos da Bíblia**.

VÉSPERAS – do latim *vésperae*, derivado de *vésper* "noite". As vésperas são a 6ª **hora** do **ofício divino**, cantadas pelos **monges** ao fim da tarde. As vésperas não pertencem unicamente à **liturgia monástica**: aos **domingos**, da parte da tarde, os paroquianos piedosos "vão a vésperas" na sua **paróquia**.

VESTES LITÚRGICAS – Ver: **paramentos litúrgicos**.

VESTIDURA – Cerimónia em que o **postulante** de uma **ordem** religiosa veste o **hábito** que usará durante o seu **noviciado**. Sinónimo: **tomada do hábito** (ou do véu).

VETEROTESTAMENTÁRIO – Próprio do **Antigo Testamento**. Ver: **Neotestamentário**

VÉU DO TEMPLO – Cortina que, no **templo**, separava o **santo dos santos** (que abrigava a **Arca da Aliança**) do Santo, local menos sagrado. Este véu rasgou-se no momento da morte de Jesus, simbolizando a inauguração do novo **santuário**, o corpo de **Cristo**. Ver: **conopeu, pavilhão, tabernáculo**.

VIA CRUCIS* OU *VIA DOLOROSA – Sinónimo de *via-sacra*.

VIA-SACRA – Caminho percorrido por Jesus desde o tribunal de Pilatos até ao Gólgota onde foi crucificado. Segundo o que era habitual, o condenado carregava o *patibulum*, ou barra horizontal, até ao local, onde já se encontrava, cravado no chão, o *stipes*, a haste vertical. Em Jerusalém, os peregrinos de hoje percorrem, meditando, as etapas deste percurso. Nas paredes das **igrejas** católicas, estão dispostas 14 cruzes ou 14 quadros, assinalando simbolicamente as estações da *via-sacra*, diante das quais os fiéis param para meditar, particularmente na **Sexta-Feira Santa**: 1/. Jesus é condenado à morte; 2/. Jesus carrega a cruz; 3/. Jesus cai pela 1ª vez;

VIRGEM

4/. Jesus encontra sua mãe; 5/. Simão de Cirene carrega a cruz de Jesus; 6/. a Verónica enxuga o rosto de Jesus; 7/. Jesus cai pela 2ª vez; 8/. Jesus encontra-se com as mulheres de Jerusalém; 9/. Jesus cai pela 3ª vez; 10/. Jesus é despojado das suas vestes; 11/. Jesus é pregado na cruz; 12/. Jesus morre na cruz; 13/. Jesus é descido da cruz; 14/. Jesus é depositado no sepulcro. Ver: **Paixão, calvário.**

VIÁTICO – do latim *viáticum* "farnel de viagem". Assim se chama a **comunhão** dada a um moribundo. O viático pode acompanhar a **unção dos doentes.**

VÍCIOS – do latim *vitium* "defeito". Às virtudes teologais e cardinais, a Tradição contrapõe sete vícios: à **fé**, opõe-se a infidelidade; à **esperança,** o desespero; à **caridade,** a inveja; à **prudência,** a insensatez; à **justiça,** a injustiça; à **fortaleza,** a inconstância; à **temperança,** a cólera. Ver: **pecados capitais.**

VIDA ETERNA – Para além da vida terrestre e da morte, os **cristãos** são chamados a serem salvos e a conhecerem a vida eterna. Ver: **felicidade, condenação, redenção, salvação.**

VIDA PÚBLICA – Após 30 anos de vida *privada* em Nazaré, Jesus passou os três anos da sua vida pública a ensinar e a testemunhar até à sua morte. Ver **Nazareno.**

VIGÁRIO – do latim *vicis* "vice-, adjunto". Numa **paróquia,** o nome de vigário pode ser dado ao próprio pároco, nalgumas zonas; e também a um sacerdote que dá apoio ao pároco. Ao nível da **diocese,** o vigário--geral é um auxiliar do **bispo.** O **papa** é chamado "Vigário de Deus" ou "Vigário de Jesus Cristo".

VIGÍLIA – do latim *vigília* "vigília". Serão que precede uma festa importante (a vigília de Natal, a vigília pascal). Ver: **missa da meia-noite, vigília pascal.**

VIGÍLIA PASCAL – Ofício que se realiza durante a noite que precede o dia de **Páscoa,** a fim de celebrar a **ressurreição de Cristo.** Ver: **vigília.** Durante a vigília pascal, tem lugar a **bênção** do fogo novo, do **círio pascal** e da **água baptismal;** celebram-se os Baptismos dos adultos. Ver **catecúmenos.**

VIGÍLIAS – Ver: **matinas**

VIRGEM – A maternidade de Maria e a sua virgindade perpétua relevam do **Mistério** da **Encarnação:** Jesus foi concebido por obra do **Espírito Santo** e nasceu da Virgem Maria. Ver: **anunciação, culto mariano, theótokos.**

VIRGEM DE MISERICÓRDIA

VIRGEM DE MISERICÓRDIA – Imagem da Virgem Maria representada de pé, tendo recolhidos sob o seu manto grande número de devotos, desenhados a uma escala mais pequena. Este tema iconográfico, aparecido no século XIV, estava ligado às epidemias de peste, contra as quais se implorava a protecção divina, por **intercessão** de Maria. Ver: **ex-voto**.

VIRTUDE – Antes de adquirir o sentido de "força que permite a um ser humano tender para o **bem**", a palavra latina, *virtus*, formada a partir de *vir* "homem de armas", tinha o sentido mais genérico de "coragem, força viril". Ver: **virtudes cardinais, virtudes teologais**.

VIRTUDES CARDINAIS – São quatro: **prudência, justiça, fortaleza e temperança**. Hierarquicamente situadas logo abaixo das **virtudes teologais**, as virtudes cardinais são consideradas como o eixo: o latim *cardo (cardinis)* significa "gonzo ou charneira".

VIRTUDES OPOSTAS AOS PECADOS CAPITAIS – Aos sete **pecados capitais**, a tradição opõe sete virtudes: 1/. contra a soberba, humildade; 2/. contra a avareza, liberalidade; 3/. contra a luxúria, castidade; 4/.contra a ira, paciência; 5/. contra a gula, temperança; 6/. contra a inveja, caridade; 7/. contra a preguiça, diligência.

VIRTUDES TEOLOGAIS – São três, a que corresponde simbolicamente uma cor: a **fé** (branco), **esperança** (verde) e **caridade** (vermelho). São chamadas *teologais* porque nos falam (*logos*) de Deus (*theós*). Ver: **virtudes cardinais**.

*****VISITA PASCAL** – Visita domiciliar feita pelo pároco às casas dos seus paroquianos, em domingo de Páscoa, com a respectiva bênção da casa e das pessoas que nela habitam.

VISITAÇÃO – Episódio evangélico em que Maria, grávida de Jesus, faz uma visita a sua prima Isabel, grávida de João Baptista. Ver **Precursor**. Algumas das palavras ditas por Isabel foram enriquecer a **Avé-Maria**; as da **Virgem** Maria, constituem o *Magnificat*. A festa da Visitação celebra-se a 31 de Maio.

VOCAÇÃO – do latim *vocare* "chamar". Apelo de Deus, dirigido a cada homem para um **ministério** que lhe é próprio e particularmente para a vida sacerdotal ou religiosa (*a vocação de Abraão, de S. Mateus...*).Ver: **sacerdócio**.

VOLTADO PARA O POVO – Uma das novidades trazidas pelo **concílio** Vaticano II foi a deslocação do **altar** para o centro do **coro**: o **padre** deixa de voltar as costas aos **fiéis**, como era o caso com o altar na sua posição tradicional, encostado ao fundo do coro, mas passa a oficiar "voltado para o povo". Ver: *aggiornamento*.

VULGATA

VOTIVO – Relativo a um **voto** ou a uma devoção particular (uma igreja votiva). Ver: **ex-voto.**

VOTOS – Um **monge** ou uma **monja,** um **religioso** ou uma **religiosa,** ao terminar o seu **noviciado**, comprometem-se a respeitar os três conselhos **evangélicos: pobreza, castidade e obediência**. São os seus votos em **religião**. Conforme as **ordens** ou **congregações**, distinguem-se os votos *simples* (temporários ou perpétuos) e os votos *solenes* (sempre perpétuos), mais exigentes em matéria de pobreza. Ver: **professo.**

VULGATA – do latim *vulgata (versio)* "versão divulgada". Tradução latina da **Bíblia** feita por S. Jerónimo, de 390 a 405, a partir do **hebraico** e do grego. Ver: **Setenta (Versão dos)**. A *vulgata* foi aceite unanimemente em todo o Ocidente até à **Reforma**; foi adoptada e revista pelo **concílio** de Trento. Ver: **Contra-Reforma.**

X/Y/Z

XP – Ver: *Khi-Rho*.

YHWH – Ver: **tetragrama, Javé**.

*****ZIMBÓRIO** – Construção em pedra, apoiada em quatro colunas, por cima do **altar-mor**, nas igrejas medievais. Depois, passou a designar-se assim a parte mais alta e exterior da cúpula de uma igreja. O mesmo que **cibório**. Ver: **baldaquino**.

ZELOTA – do grego *zelotês* "fanático". Seita nacionalista **judaica**, hostil aos Romanos, na época de Jesus. Os zelotas participaram activamente na revolta de 66-70 d. C. Foram derrotados em Massada, em 73. Ver: **essénios, fariseus, saduceus.**

Paginação, impressão e acabamento
da
CASAGRAF - Artes Gráficas Unipessoal, Lda.
para
EDIÇÕES 70, LDA.
2002

OUTRAS OBRAS SOBRE RELIGIÃO
PUBLICADAS POR *Edições 70*

Colecção *Religiões do Mundo*
A Religião no Século XXI, Mary Pat Fisher, nº 1
Cristianismo, Brian Wilson, nº 2
Judaísmo, Dan Conh-Sherbok, nº 3
Islamismo, Jamal J. Elias, nº 4
Budismo, Bradley K. Hawkins, nº 5
Hinduísmo, Cybelle Shattucck, nº 6

A publicar:
Religiões do Japão, Michiko Yusa
Religiões da China, Joseph A. Adler

Colecção *Perspectivas do Homem*
O Homem e o Sagrado, Roger Callois, nº 10
História das Religiões, Maurilio Adriani, nº 38
O Sagrado, Rudolf Otto, nº 41

Colecção *Lugar da História*

História do Cristianismo, Ambrogio Donini, n° 10

A Igreja e a Expansão Ibérica, C. R. Boxer, n° 11

Montaillou – Cátaros e Católicos numa Aldeia Occitana (1294-1324), Emmanuel Le Roy Ladurie, n° 22

A Reforma na Idade Média, Brenda Bolton, n° 26

A Cristandade no Ocidente (1400-1700), John Bossy, n° 40

O Tempo das Reformas (1250-1550), Pierre Chaunu
    1° volume – *A Crise da Cristandade*, n° 49
    2° volume – *A Reforma Protestante*, n° 50

A Igreja no Ocidente, Mireille Baumgartner, n° 60

Diversos:

Os Cátaros, René Nelli

Diálogo com os Homens, João Paulo II

A Curiosa História de Deus, Russell Stannard

Ciência e Religião, Russell Stannard

Explicação do Pai Nosso, Martinho Lutero

Cristianismo Primitivo e Paideia Grega, Werner Jaeger

A Criação do Sagrado, Walter Burkert